AF277624

EL GRAN LIBRO DE LOS MONSTRUOS

Pau Clua • Dani Montero

MOLINO

Papel certificado por el Forest Stewardship Council®

Penguin
Random House
Grupo Editorial

Primera edición con esta encuadernación: abril de 2024

© 2019, Pau Clua, por el texto
© 2019, 2024, Penguin Random House Grupo Editorial, S. A. U.
Travessera de Gràcia, 47-49. 08021 Barcelona
© 2019, Dani Montero Coira, por las ilustraciones
Diseño de la cubierta y del interior: Lookatcia.com

Penguin Random House Grupo Editorial apoya la protección del *copyright*.
El *copyright* estimula la creatividad, defiende la diversidad en el ámbito de las ideas
y el conocimiento, promueve la libre expresión y favorece una cultura viva.
Gracias por comprar una edición autorizada de este libro y por respetar las leyes del *copyright*
al no reproducir, escanear ni distribuir ninguna parte de esta obra por ningún medio sin permiso.
Al hacerlo está respaldando a los autores y permitiendo que PRHGE continúe publicando libros
para todos los lectores. Diríjase a CEDRO (Centro Español de Derechos Reprográficos,
http://www.cedro.org) si necesita fotocopiar o escanear algún fragmento de esta obra.

Printed in Spain – Impreso en España

ISBN: 978-84-272-4563-1
Depósito legal: B-6.028-2024

Compuesto en Compañía
Impreso en Arteos Digital, S. L.

MO 45631

A Júlia, Ainara y Artur.

PAU CLUA

A mi bruja blanca y mi cachorro
de licántropo. A las duendes
encantadoras y orbes de luz de la
editorial Molino.

DANI MONTERO

ÍNDICE

Monstruos voladores y planeadores y alados y aéreos

Monstruos acuáticos y submarinos y marítimos y oceánicos

Cosas de monstruos

Nota del autor

A menudo me preguntan cómo es posible que sepa tanto sobre monstruos y criaturas fantásticas. También me lo preguntaron cuando me encargaron escribir esta increíble y gran enciclopedia. Mi respuesta, aunque nadie me cree, es siempre la misma: porque yo soy uno de ellos.

No tengo ningún poder especial. No puedo cambiar de aspecto, no sé nada de magia, no puedo respirar bajo el agua y mucho menos atravesar paredes. Creedme. Lo he intentado varias veces y los chichones todavía me duelen. Soy lo que comunmente se conoce como un ser humano. Exactamente igual que tú. Eso sí, hay algo que me hace un poquiiiiiito especial: ni envejezco, ni enfermo, ni muero.

¿Eso qué significa? Nada más y nada menos que llevo siglos y siglos y más siglos paseándome por el mundo y conociendo todo tipo de personas, animales y, sí, también todo tipo de monstruos y seres fantásticos. Y claro, ni que sea por aburrimiento, el roce hace el cariño y los conozco personalmente a casi todos. ¡Con algunos hasta cenamos de vez en cuando!

PAU

MONSTRVOS
DOMÉSTiCOS

MONSTRUO DE LA ARENA. Ayúdalo a salvar el planeta

¿A que con este nombre te imaginas a un monstruo minúsculo del tamaño de un grano de arena? Pues... ¡no! El monstruo de la arena es gigantesco, glotón y ecologista, y es conocido popularmente como Giglotec. En realidad está formado por millones de granitos de arena, vive escondido en las limpias y cristalinas playas del Caribe y es absolutamente inofensivo. Es más, Giglotec es un monstruo necesario para el medio ambiente, ya que se alimenta de la sal que le brinda el océano y la transforma en ricos minerales que devuelve al planeta.

FICHA

- Hábitat: **playas limpias**
- Tamaño: **variable; máximo 15 m**
- Otras especies: **de arena blanca, de arena volcánica, de conchas, de arena dorada**
- Alimentación: **sal**
- Sobrenombres: **Giglotec, Tragasal, Limpiaplayas, Eco Monster**
- Actividad principal: **cuidar el planeta**

Se trata de un monstruo formado exclusivamente de arena y con un gran orificio en forma de embudo a modo de boca, repleto de centenares de pequeñas lenguas por donde filtra los minerales. Cuanto más limpia está la playa, más grande es Giglotec. Si la playa está sucia o llena de gente, nunca te encontrarás con uno.

Ya no quedan muchos ejemplares de este monstruo. Por desgracia, los humanos no estamos siendo muy amables con nuestro planeta: el mar lleno de plástico, las playas llenas de basura... Pero ya es hora de empezar a mejorar, ¿verdad? Así, de paso, podremos observar algún día en acción al enigmático Giglotec.

MONSTRUO DE LA CACA. ¡Tápate la nariz!

Su nombre real es Willy, pero todo el mundo lo conoce como el monstruo de la caca. Se llama Willy porque fue un niño inglés llamado así el que vio por primera vez a este ser maloliente. Las leyendas urbanas han creado algunas teorías sobre su procedencia y costumbres. Unas aseguran que sube por el retrete si estás sentado en él más de quince minutos; otras, que aparece por la noche en el váter si te has dejado la tapa levantada y no has tirado de la cadena.

En realidad, Willy (el niño, no el monstruo) no lo vio en su casa, sino en la orilla del mar, cerca de la desembocadura de un río donde las aguas llegaban sin pasar antes por una depuradora. Una fábrica química vertía sus productos sin ningún tipo de control y los residuos de las alcantarillas hicieron el resto y crearon al monstruo.

El monstruo de la caca no tiene una forma concreta. Es una masa deforme que cambia de aspecto según el terreno por donde avance y que está repleta de bichos, insectos y todo tipo de bacterias. Si alguna vez te encuentras con uno, ¡ni te acerques!

Se trata de una masa viscosa de color marrón que, claro, huele fatal y se abalanza sobre todo lo que está limpio. O sea, que quiere que todo el mundo sea como él y huela como él.

- Hábitat: **desembocaduras de ríos y de cloacas**
- Tamaño: **variable según la calidad de las aguas**
- Otras especies: **monstruo de la caca rural y monstruo de la caca urbano**
- Alimentación: **excrementos y restos biológicos**
- Sobrenombres: **Cacaman, Apestoso**
- Actividad principal: **ensuciar lo máximo posible**

Por suerte, hace ya varias décadas que no se ve ningún monstruo de la caca.

Después de aquel desagradable incidente de la fábrica, es obligatorio construir depuradoras de agua y controlar todo lo que se vierte en los ríos.

MONSTRUO DE LA CERRADURA. Toc, toc, ¿quién es?

Hasta hace muy poco tiempo nadie se atrevía a mirar a través de la cerradura cuando cerraba la puerta de casa y oía un ruido al otro lado de la puerta. ¿Por qué? Porque todos sabían que, en cuanto se giraba la llave, al otro lado acechaba un horrible monstruo con barba, dos brazos y con un gran ojo amarillo. Afortunadamente, hace poco, una valiente niña se arriesgó y miró a través de la cerradura. Y sí, era verdad. Allí estaba y... ¡todavía se está riendo!

Si te fijas en el dibujo de Cerry, que así fue como lo bautizó la niña, lo entenderás todo. Sí, había un ser con algo de barba y con un gran ojo amarillo, pero también el monstruo más tierno, amable y encantador del mundo. Delgadísimo y con la forma exacta de una cerradura.

Lo que más le gusta a Cerry, aparte de cotillear a través de las cerraduras, es que le den abrazos. Cuando se los dan, no solo se le iluminan el ojo como una luna, sino que cambia de color y se vuelve transparente.

Estos monstruos tienen formas de muy diversos tipos: de llave tradicional, de llave plana y hasta de llave en forma de cruz.

FICHA

- Hábitat: **rellano de la escalera**
- Tamaño: **1 m**
- Otras especies: **tradicional, de llave plana y llave de cruz**
- Alimentación: **desconocida**
- Sobrenombres: **Cerry, monstruo del agujero, monstruo del rellano, Clac-Clac-Buu**
- Actividad principal: **espiar y dar abrazos**

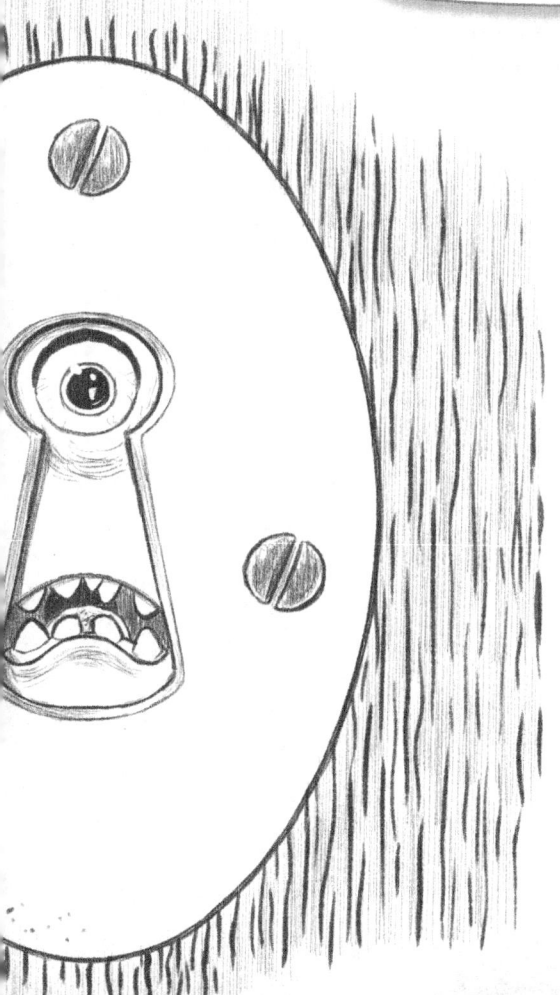

MONSTRUO DE DEBAJO DE LA CAMA. Muy listo pero muy guarrete

¿Te vas a dormir y a la mañana siguiente solo encuentras un calcetín? ¿Te despiertas y los deberes ya no están donde los pusiste la noche anterior? Eso es que tienes al monstruo de debajo de la cama viviendo en... eso, debajo de tu cama. Este monstruo convive con el polvo, los cómics perdidos, las zapatillas y todo lo que va a parar debajo de la cama de una patada cuando tus padres te piden que ordenes la habitación. Lo has oído alguna noche y no te has atrevido a mirar, ¿verdad? Que no cunda el pánico: no es peligroso. A él solo le interesa comerse tus calcetines y curiosear tus deberes.

FICHA

- Hábitat: **debajo de la cama**
- Tamaño: **20 cm**
- Otras especies: **nocturnas o diurnas**
- Alimentación: **calcetines**
- Sobrenombres: **Monster Socks, monstruo de los calcetines**
- Actividad principal: **masticar calcetines y estudiar con los deberes**

Al monstruo de debajo de la cama no le gustan los calcetines limpios. Prefiere masticar los que están impregnados de sudor, humedad y restos de plantillas.

16

Es un poco descuidado pero muy inteligente. Le encanta estudiar con tus deberes y te corrige cuando encuentra faltas de ortografía.

Es muy peludo, pero no tiene una apariencia fija. Adopta el color de los calcetines que se come. Es divertidísimo verlo cuando se zampa un calcetín a topos o con la S de Superman. A menudo tiene que ir al médico de los monstruos para que le hagan un lavado de estómago.

MONSTRUO DEL DESAGÜE. Cómprate un buen desatascador

¿Te duchas con regularidad? ¿Te lavas los dientes varias veces al día? ¿Tiras de la cadena cada vez que visitas el trono blanco? Bien hecho, pero recuerda que si no quieres tener al monstruo del desagüe viviendo en las tuberías de tu casa, será mejor que no tires cualquier cosa por el desagüe. Este monstruito, para llamarlo de alguna manera (ya que a veces crece y crece hasta ocupar todas las cañerías de la casa), está formado básicamente de pelo. Un pelo, más otro pelo, más otros centenares y miles de pelos... y ni el mejor de los desatascadores podría solucionar el problema. Hasta aquí, todo más o menos normal, ¿no? ¿A quién no se le cae el pelo? El problema empieza cuando algún rastro de medicamento se cuela por las tuberías: una aspirina, un antibiótico o un jarabe de esos taaaaan buenos para la tos... y es entonces cuando el monstruo del desagüe cobrará vida y empezará a deambular por la casa en busca de... ¡más pelos!

En 2013, un monstruo del desagüe logró salir a la calle de una gran ciudad europea a través de una peluquería que tiraba todos los pelos por el inodoro. Medía más de doce metros de altura y las autoridades tuvieron que intervenir.

Los monstruos del desagüe pueden ser de diferentes colores, dependiendo de la zona geográfica. Por ejemplo, en los países escandinavos es habitual ver más monstruos rubios que en otros países.

Cada vez es más habitual encontrarse con monstruos del desagüe más grandes y de color blanco, sobre todo en los países desarrollados. La población vive muchos más años y con tanta cana y tanto medicamento...

FICHA

- Hábitat: **tuberías y desagües**
- Tamaño: **variable según** la **cantidad de pelo**
- Otras especies: **blancas, negras, rubias o marrones, según la zona geográfica**
- Alimentación: **pelos**
- Sobrenombres: **Hairyman, Peludo**
- Actividad principal: **recoger pelo y medicamentos**

MONSTRUO DE DETRÁS DEL ESPEJO. Espejito, espejito...

El monstruo de detrás del espejo... eres tú. Sí, como lo oyes. Bueno, como lo lees. El monstruo de detrás del espejo tiene tu misma cara, tus mismos ojos, tu misma sonrisa, tu misma altura... Es exactamente igual que tú, pero no tiene voz. Si levantas un brazo, el monstruo levanta un brazo de tu imagen reflejada. Si levantas una ceja, el monstruo levanta una ceja, y así todo el rato. ¿Y cómo lo hace? ¿Cómo puede repetir tus mismos movimientos a tu misma velocidad? Muy fácil. Lo hace gracias a la telepatía; leyéndote la mente es capaz de saber lo que vas a hacer en el mismísimo momento en el que tú lo estás pensando.

El monstruo de detrás del espejo te sigue a todas partes. Está en tu casa, en los reflejos de los cristales de las tiendas, en los retrovisores de los coches, etc. Sería bastante inquietante si no fuera así, porque vayas a donde vayas te protege.

FICHA

- Hábitat: **superficies reflectoras**
- Tamaño: **el mismo que tú**
- Otras especies: **tantas como personas**
- Alimentación: **ninguna**
- Sobrenombres: **Mirror Monster, El Otro Yo**
- Actividad principal: **proteger a las personas**

Es el monstruo más fiel que puedes encontrar. Lo único que no le gusta es mostrar tu reflejo en el agua. Y no porque no sepa nadar, sino porque es muy muy, pero que muy friolero; por eso, casi siempre lo verás temblar un poco cuando tu imagen, o sea, tu monstruo, esté en la superficie de cualquier líquido.

El lugar preferido del monstruo de detrás del espejo son los ascensores con las paredes forradas de espejos. Le encanta multiplicarse hasta el infinito y estar tan bien acompañado.

MONSTRUO DE LOS DIENTES. ¡Al ladrón!

Conoces al Ratoncito Pérez, ¿verdad? Pues el monstruo de los dientes es su archienemigo, su antagonista, su competidor más terrible. ¿Por qué? Porque se dedica a robarle los dientes al simpático y generoso Pérez. Si el ratoncito que todos conocemos es experto en llevarse dientes de leche de debajo de la almohada de los niños y cambiarlos por regalitos, el monstruo de los dientes es especialista en quitárselos y guardárselos para que nadie los encuentre. ¿Y qué hace con ellos? Aunque parezca increíble, los almacena y se los guarda en el interior de su cuerpo. Así que ya puedes ver el inquietante aspecto de este monstruo: tiene la boca, la garganta y la barriga llenas de los dientes que ha robado. Un poco asqueroso, ¿no crees?

FICHA

- Hábitat: **cloacas y desvanes abandonados**
- Tamaño: **15 cm**
- Otras especies: **única**
- Alimentación: **golosinas y chocolate**
- Sobrenombres: **ladrón de dientes, Ratoncito Feroz**
- Actividad principal: **robar dientes de leche al Ratoncito Pérez**

El monstruo de los dientes roba y almacena los dientes por una razón muy concreta: los necesita como agua de mayo. Es adicto al chocolate, a los caramelos y a todo tipo de chuches y, como no se lava nunca los dientes, tiene más caries que pelos en el cuerpo.

Por supuesto, es extremadamente egoísta y siempre está de mal humor. A lo mejor lo que tendría que hacer es pasarse por el dentista y dejar tranquilo al Ratoncito Pérez, ¿no crees?

Si te preocupa que este monstruo entre en tu habitación para robarte alguno de tus dientes, no sufras. Nunca entra en las casas donde hay niños. ¡Les tiene alergia!

MONSTRUO DE LA ESCALERA. Pasito a pasito se forma el monstruito

Hay monstruos que necesitan que pasen una serie de cosas para que aparezcan. En el caso del monstruo de la escalera, este se forma cada vez que alguien sube andando por una escalera. Lo has oído alguna vez, ¿verdad? ¿A que un escalofrío te recorre el cuerpo cuando eso pasa? Cuanto más subes, más grande y poderoso se hace. Un peldaño y aparece una garra. Tres peldaños y aparece un brazo. Un piso y se materializa medio cuerpo. Dos pisos, tres pisos, cuatro pisos y ¡ahí está! Cuantos más pisos tenga el edificio, más grande será el monstruo y más te agradecerá que lo hayas hecho vivir.

Los más grandes se han visto, claro está, en los rascacielos más altos del mundo, como en el Burj Khalifa de Dubái o el Ping An de China.

FICHA

- Hábitat: **escaleras de edificios altos**
- Tamaño: **hasta 900 m**
- Otras especies: **humanoides y amorfos**
- Alimentación: **ninguna**
- Sobrenombres: **monstruo del edificio, Stair Monster, monstruo de los peldaños**
- Actividad principal: **analizar edificios**

Aunque al principio pueda dar un poco de miedo, es absolutamente indispensable que el monstruo de la escalera se materialice de vez en cuando. ¿Por qué? Porque su principal misión es la de vigilar el estado de conservación del edificio. Se trata del mejor sistema para averiguar si ha aparecido alguna grieta o si falta una mano de pintura. ¡Es infalible!

Solo lograrás ver al monstruo de la escalera y conocerlo, si subes a pie y sin parar todas las plantas. No vale coger el ascensor ni saltarse ningún peldaño.

MONSTRUO DE INTERNET. Un, dos, tres, el escondite inglés

El monstruo de internet pertenece a la categoría de nuevos seres tecnológicos surgidos durante las últimas décadas. Hay quien asegura que se trata de programas informáticos creados por programadores para dañar los ordenadores, más conocidos como virus. ¡No te lo creas! Se trata de entidades con vida propia formadas por arena; y más concretamente, formadas de sílice, uno de los minerales más frecuentes en la arena. ¿Y con qué se fabrican los microchips de todos los ordenadores, móviles y tabletas del mundo? ¡Exacto! Con sílice.

A estos pequeños monstruitos les encanta jugar, sobre todo al escondite, y son capaces de dañar un ordenador porque no paran de moverse y de esconderse en los lugares más impredecibles. No es que sean malos, pero es que, en un lugar tan pequeño y cerrado, los pobres se aburren un montón.

FICHA

- Hábitat: **interior de los aparatos informáticos**
- Tamaño: **microscópico**
- Otras especies: **Hoax, Creeper, I love you, Storm...**
- Alimentación: **electricidad y baterías**
- Sobrenombres: **virus, duendes informáticos**
- Actividad principal: **jugar al escondite**

Los antivirus tampoco son programas para eliminar a los monstruos de internet. Se trata de espectáculos y películas microscópicas hechos para tener a los pequeños monstruitos entretenidos. Cuando no hay miniestrenos o cuando ya han visto la peli más de cuatro veces, es cuando empiezan los problemas.

Al monstruo de internet se lo conoce por varios nombres: Troyano, Recycler, Gusano, Hoax, Creeper, I love you, Melissa, Storm, etcétera, etcétera.

MONSTRUO DE LAS PANTALLAS. ¡¡¡Nos están invadiendo!!!

¿Cuántas horas te pasas delante de la tele? ¿Y del móvil? ¿Y de la tableta o del ordenador? Pues ándate con muchísimo cuidado, porque cuando te pasas demasiadas horas delante de cualquiera de estos aparatos aparece el monstruo de las pantallas. No, no es ni un mito, ni una leyenda urbana, ni un argumento inventado para que hagas caso a tus padres cuando te dicen que te alejes de ellas.

¿Te duelen los ojos? ¿Se te cansan los dedos? ¿Cuando dejas de mirar la pantalla te cuesta enfocar o ves puntitos que no tendrían que estar ahí? Si has contestado afirmativamente a cualquiera de estas preguntas, solo tienes dos soluciones para expulsar al monstruo de tu interior: o te vas a dormir inmediatamente para descansar la vista, o te alejas de cualquier pantalla a toda velocidad y empiezas a leer un libro de papel.

El monstruo de las pantallas es completamente invisible, pero llega a ti a través de las ondas y los campos electromagnéticos y, también, a través del tacto. Se instala en tus pulgares; se instala en tu retina y en los músculos del cuello, e impide que funcionen como tienen que funcionar.

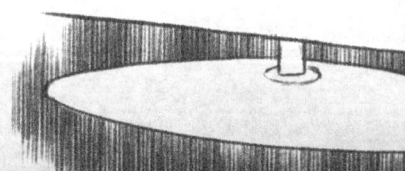

FICHA

- Hábitat: **todo tipo de pantallas**
- Tamaño: **puede llegar a ocuparte todo el cuerpo**
- Otras especies: **según el aparato (el de la tele, la tableta, el móvil...)**
- Alimentación: **ondas electromagnéticas**
- Sobrenombres: **Electro, Magneto, Screen Monster**
- Actividad principal: **emitir ondas y dañar los músculos**

El monstruo de las pantallas empieza a ser peligroso cuando, incluso en sueños, continúas viendo lo que había antes en la pantalla, porque eso significa que ha llegado hasta tu subconsciente.

MONSTRUO DE LOS SUEÑOS. ¡Por favor, que no se despizzzzzte!

A pesar de su aspecto y de su eterno mal humor, hay que estar muy agradecido a la existencia del monstruo de los sueños. Seguro que lo has visto más de una vez. Se deja ver fugazmente cuando empieza a trabajar, es decir, justo en ese momento en el que estás en la cama medio despierto, medio dormido. ¿Y en qué consiste su trabajo? Cada noche escoge lo que vas a soñar y su máxima prioridad es que no tengas pesadillas.

Como tiene libre acceso a todo lo que has visto, pensado o vivido, la imaginación y las combinaciones que puede crear este monstruo son casi infinitas. Escoge la escena de una película que has visto, mete a una persona que conociste ayer, crea un paisaje que visitaste en verano y ¡tachán! Ya tienes tu sueño.

FICHA

- Hábitat: **sistema nervioso central**
- Tamaño: **microscópico**
- Otras especies: **única**
- Alimentación: **desconocida**
- Sobrenombres: **Duende del sueño, Duende ontreico, Dreamofficer**
- Actividad principal: **crear y gestionar los sueños**

A veces, cuando está cansado o no tiene ganas de trabajar, el monstruo de los sueños abre un archivo antiguo y te obliga a que sueñes una historia repetida. A eso se le llama «sueño recurrente».

Otras veces se despista y es cuando tus sueños se convierten en pesadillas. En esos casos se ve obligado a pulsar el botón rojo de alarma para despertarte de golpe.

En el fondo, cuando pasa eso, le sabe muy mal y hace todo lo posible para que el siguiente sueño sea superagradable.

HUMANOIDES MÁS MUERTOS QUE VIVOS

CATRINA. *Carpe diem, o sea, aprovecha el momento*

A veces, los esqueletos pueden ser muy divertidos.
¿No te lo crees? Te presentamos a Catrina. La Catrina
también es un esqueleto. Es festiva. Es musical y vive en
México. Bueno, vivir no vive, porque es una muerta viviente,
pero te la puedes encontrar en este país centroamericano.
Lo que empezó siendo una broma, hace más de cien años
gracias a un dibujo creado por José Guadalupe Posada, con
el tiempo se ha convertido en realidad: un esqueleto vestido
con un elegante sombrero femenino que te recuerda dos
cosas muy importantes: que tienes que aprovechar muy bien
tu vida, día a día, y que, te guste o no, la muerte es un hecho
del que nadie, absolutamente nadie, puede escapar. Si te la
encuentras el Día de los Muertos, no pasa nada. Pásatelo
bien, canta y baila. Si te la encuentras cualquier otra noche,
extrema las precauciones y no hagas tonterías, ya que la
muerte anda cerca.

FICHA

- Hábitat: **ciudades mexicanas**
- Tamaño: **mujer humana**
- Otras especies: **hay muchas clases de esqueletos vivientes, según las diversas culturas**
- Alimentación: **ninguna**
- Sobrenombres: **Calavera garbancera, Memento Mori**
- Actividad principal: **estar de fiesta y recordar que la muerte nos llega a todos**

Si alguna vez visitas el Museo Mural Diego Rivera, en Ciudad de México, no te pierdas el cuadro titulado *Sueño de una tarde dominical en la Alameda Central*. En él verás gran parte de la historia y de los personajes mexicanos, entre los que aparece, claro está, nuestra Catrina.

Este esqueleto se llama Catrina porque viene de la palabra *catrín*, que significa 'hombre elegante'. Por eso, se pasea por ahí con ese sombrero tan chulo y, a veces, también con vestidos de época.

En la película *Coco*, se rinde homenaje a las Catrinas, las calaveras que aparecen el Día de los Muertos.

ESQUELETO VIVIENTE.
¡A mover el ídem!

Los esqueletos son como los corazones, todos llevamos uno dentro. Los esqueletos vivientes, sin embargo, no tienen ni corazón, ni pulmones, ni músculos, ni nada que recuerde que es un ser vivo. Por no tener, no tienen ni ropa, claro, y se pasean por el mundo con los huesos al aire y sin ningún tipo de vergüenza. Es más, si te acercas por el cementerio en una noche de luna llena, a lo mejor tienes la suerte de verlos en acción. ¡Les encanta la música y bailar al ritmo de los instrumentos hechos con sus propios huesos! Una tibia agujereada y ya tienen una flauta. Unas cuantas costillas y ya pueden tocar el xilófono. ¿Un par de cráneos y dos huesos? Exacto, una fantástica y huesuda batería. Únete a sus fiestas si tienes la oportunidad. ¡Te lo pasarás de miedo!

¿Sabías que hay países como México que celebran, y mucho, el Día de los Muertos? Las calaveras toman las calles y se pasan varios días de fiesta, comiendo, bebiendo, bailando y recordando a sus seres queridos.

FICHA
- Hábitat: **cementerios**
- Tamaño: **humano**
- Otras especies: **zombis**
- Alimentación: **ninguna**
- Sobrenombres: **Skeletons, Huesitos, Flacos**
- Actividad principal: **perseguir humanos, tocar música y organizar fiestas**

Seguramente no pasará nunca, pero si alguna vez tienes que deshacerte de un esqueleto viviente, no vale con un chiste malo, ni con un golpe fuerte (ya que pueden volver a unir sus huesos sin ningún problema). El mejor método es el fuego.

Los esqueletos vivientes son casi hermanos de los zombis, ya que también son muertos que han regresado a la vida. La única diferencia es que los esqueletos han estado mucho más tiempo bajo tierra en compañía de los gusanos, que los han dejado en los huesos.

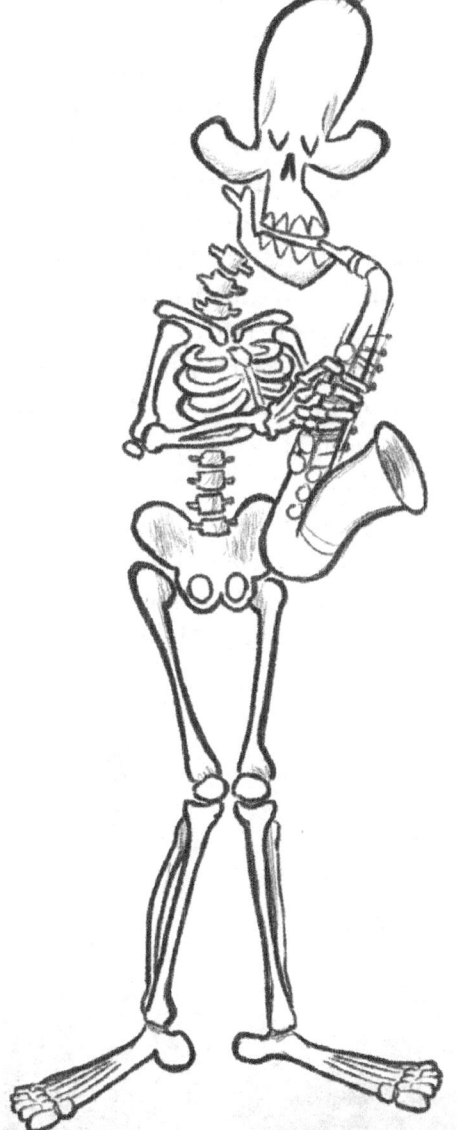

FRANKENSTEIN.
La criatura, no el doctor

El monstruo de Frankenstein, pobrecito, es uno de los seres más incomprendidos de todos los tiempos. Primero, porque todo el mundo lo llama Frankenstein, cuando en realidad ese es el nombre de su creador, el estudiante de medicina Víctor Frankenstein. Y segundo, porque, aunque no se sepa, es uno de los monstruos más amables, educados, sensibles y cultos de todos los que se conocen. Sí, está lleno de cicatrices. Sí, mide más de dos metros y se ha pasado media vida oculto entre las sombras. Pero... ¿qué culpa tiene él de que lo crearan así? ¿Qué culpa tiene de que todos se asusten cuando lo ven? Le encanta la lectura, el cine, el teatro y la música, y hasta tiene varios libros publicados: *Cómo ser un monstruo y no morir en el intento*, *Todo lo que querías saber sobre Frankenstein y nunca te has atrevido a preguntar* o *Yo, Prometeo*. A lo mejor has visto alguno en la librería o en la biblioteca.

La creadora del monstruo de Frankenstein fue la escritora inglesa Mary Shelley hace doscientos años, y la novela está considerada la primera obra de ciencia ficción y de terror gótico.

El pasatiempo favorito de este monstruo, aparte de la lectura, la escritura, el cine y el teatro es la lucha libre. Y no es de extrañar. Con ese cuerpazo que el doctor Frankenstein le ha dado, gana casi siempre.

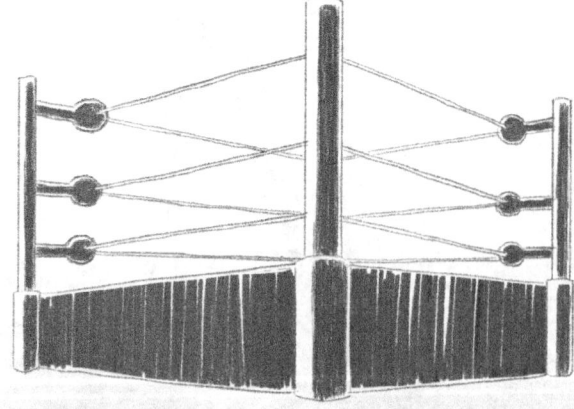

- Hábitat: **cosmopolita**
- Tamaño: **más de 2 m**
- Otras especies: **única**
- Alimentación: **ninguna**
- Sobrenombres: **La Criatura, el Prometeo moderno**
- Actividad principal: **música, cine, lectura, teatro y lucha libre**

En realidad, esta criatura pasó a conocerse directamente como Frankenstein a partir de las obras de teatro y de las películas que se hicieron después, protagonizadas, por ejemplo, por Boris Karloff. ¡Se han hecho casi cien películas sobre Frankenstein!

GÓLEM. ¿Un robot en la Edad Media?

¡Qué extraña criatura! Para entender bien cómo actúa se podría decir que es una especie de robot moldeado con arcilla y creado hace cientos de años para hacer los trabajos que no pueden o no quieren hacer las personas. Es un humanoide grande y fuerte, pero no muy listo. Realiza el trabajo que se le encarga de forma lenta, sistemática y sin preguntarse nada. Es superútil siempre que no se descontrole. Cuando esto sucede, se puede volver violento.

Muy importante: cuando se crea este monstruo con arcilla, es imprescindible grabar en su cuerpo la palabra *emet*, que significa 'verdad' en hebreo. Cuando queramos desactivarlo, solo será necesario borrar la primera 'e' de la palabra, porque *met* significa 'muerte' y sería como el botón *off* de cualquier máquina o aparato electrónico.

Se dice que los restos del primer gólem descansan en la sinagoga más antigua de Praga. Si vas alguna vez allí, a lo mejor podrás verlos.

FICHA

- Hábitat: **dondequiera que sea creado**
- Tamaño: **depende del creador**
- Otras especies: **única**
- Alimentación: **ninguna**
- Sobrenombres: **Hombre de arcilla, Criatura de barro**
- Actividad principal: **cumplir órdenes de su creador**

El gólem no es muy listo. Un día, le dieron la orden de ir a sacar agua del río para poder cocinar. ¿Y qué hizo la pobre criatura? Se tomó la tarea de forma literal, fue a sacar el agua del río hasta que el río se secó.

Gólem significa 'materia' y el más famoso fue creado por primera vez en el siglo XVI en la ciudad checa de Praga por el rabino judío Judah Loew para que lo defendiera de los ataques que sufría su comunidad.

¿A qué se dedica en sus horas libres el gólem moderno? Pues es panadero. Como buen ser creado a partir de un moldeado de arcilla, tiene una habilidad natural para amasar y crear todo tipo de bollería y pastelitos.

JINETE SIN CABEZA.
¿Se puede ser más despistado?

«¡Algún día perderás la cabeza!». Seguro que más de una vez te han dicho esta frase, ¿verdad? Pues al Jinete sin cabeza le pasó exactamente eso, y desde entonces deambula por los caminos y los bosques nocturnos en busca de víctimas a lomos de su enorme y también fantasmal caballo. ¿Y cómo se puede perder la cabeza? Bueno, pues siendo bastante despistado o con un cañonazo que la separe de tu cuerpo y la mande al quinto pino. Eso es lo que le ocurrió a este pobre soldado, allá por el siglo XVIII. Pero su mala suerte no acabó ahí. Justo después de ese pequeño incidente, el cuerpo decapitado continuó cabalgando en la oscuridad, y caballero y montura se despeñaron por un desfiladero. A partir de ese momento, el fantasma caballo y el fantasma jinete salen a cabalgar todas las noches para cortarle la cabeza a cualquiera que se cruce en su camino. Pero claro, por muchas cabezas que corte nunca va a encontrar la suya.

FICHA

- Hábitat: **bosque**
- Tamaño: **humano**
- Otras especies: **única**
- Alimentación: **ninguna**
- Sobrenombres: **Dullahan, Cazador salvaje, El jinete de Aguasperdidas**
- Actividad principal: **decapitar a la gente**

En Irlanda, el Jinete sin cabeza no ha perdido la cabeza, sino que la lleva sujeta en su mano derecha y brilla tanto que la utiliza a modo de linterna. ¡Sin pilas y sin baterías! Quién la tuviera cuando se va la luz o estás perdido, de noche, en plena montaña...

42

Si alguna noche estás en el bosque y oyes los cascos de un caballo, mejor escóndete. Se han visto jinetes sin cabeza en Irlanda, Estados Unidos, Alemania, Inglaterra, México y… quién sabe… a lo mejor en tu región, en ese bosque donde acostumbras a ir a pasear, también.

Este ser fantástico ha estado presente entre nosotros desde la Edad Media, pero se popularizó a partir del relato *La leyenda de Sleepy Hollow*, escrito por el americano Washington Irving.

MOMIA. Porfi... ¿no puedo dormir un siglo más?

En principio, una momia no es un monstruo. Se trata, simplemente, de un cuerpo sepultado con técnicas de conservación conocidas como embalsamamiento. De este modo, el cuerpo puede conservarse casi perfecto durante cientos o miles de años. El problema empieza cuando a algún gracioso, que suele ser un aventurero o un prestigioso arqueólogo, se le ocurre leer un texto en voz alta. ¿Qué tipo de texto? Uno que encuentra en un antiguo pergamino o en una inscripción en la que pone explícitamente que no se lea porque, si se hace, la momia resucitará y empezará a hacer cosas de momia: conquistar el mundo, volver a ser un poderoso faraón, resucitar a sus antiguos ejércitos, tirar a la basura esas sucias vendas que lleva y sustituirlas por elegantes atuendos, etc. Entonces ya no hay quien la pare.

Aunque las más famosas son las momias egipcias, existen momias en muchas culturas y en muchos países, y algunas tienen nombres bastante curiosos como la momia Juanita de Perú, Lady Dai de China, las momias Chinchorro de Chile, las guanches de Tenerife, las tibetanas o las célebres momias mexicanas de Guanajuato.

Aunque parezcan de lo más aterradoras, la mayoría de las momias sienten una gran añoranza. Añoran su época, sus pertenencias y a sus seres queridos. Quizá por eso les gusta trabajar en los museos, para estar junto a las cosas que les recuerdan quiénes son y de dónde vienen.

FICHA

- Hábitat: **sarcófagos**
- Tamaño: **humano**
- Otras especies: **momias humanas y momias animales**
- Alimentación: **ninguna**
- Sobrenombres: **acostumbran a adoptar los nombres de la zona donde se encuentran**
- Actividad principal: **dormir hasta que alguien las despierta**

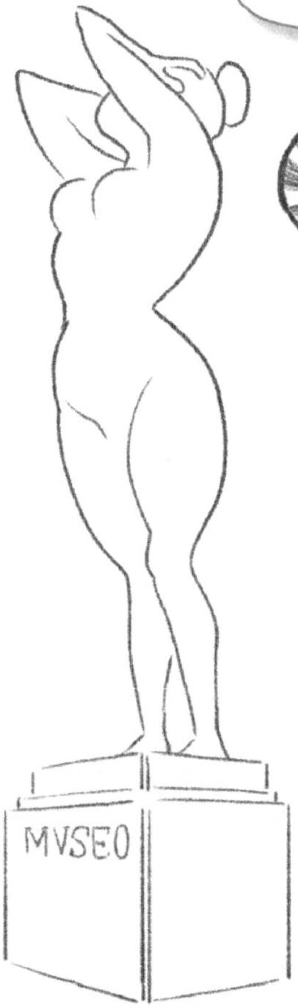

MVSEO

¿Sabías que el de momia es el disfraz de monstruo más célebre y más barato? Solo necesitas unas cuantas vendas o un buen rollo de papel higiénico, y ¡ya lo tienes!

PAYASO FANTASMA.
Para morirse de risa o de miedo

¿Sabes lo que es la coulrofobia? Es el miedo a los payasos. Sí, aunque resulte increíble hay mucha gente que les tiene miedo. ¡Con lo simpáticos que son! Con su sonrisa eterna, su nariz roja, sus zapatos enormes, su flor que echa agua. Lo que pasa es que hay un tipo de payaso que gracioso, lo que se dice gracioso, no es. A lo mejor es porque tiene la manía de asustar a la gente. A lo mejor es porque aparece de repente, de noche, en algún lugar solitario y no para de reírse con unas carcajadas diabólicas hasta que... hasta que... bueno, hasta que te mueres de miedo. Afortunadamente, no hay muchos payasos fantasma sueltos por ahí. De hecho, solo hay uno de estas características y aparece solamente en las ciudades y los pueblos del Reino Unido.

FICHA

- Hábitat: **zonas nocturnas y solitarias del Reino Unido**
- Tamaño: **humano**
- Otras especies: **de fantasmas, muchas**
- Alimentación: **ninguna**
- Sobrenombres: **Bufón malvado de la corte, Payaso diabólico**
- Actividad principal: **asustar**

El payaso fantasma ya no viste como un bufón, claro. Se ha tenido que adaptar a los nuevos tiempos y ahora siempre va vestido de payaso multicolor.

Este payaso existe desde hace siglos. Se trata de un antiguo bufón de la Edad Media que murió en extrañas circunstancias y que juró vengarse por los siglos de los siglos porque durante una representación suya supergraciosa nadie se rio.

Una de las cosas que más le gusta hacer es rayar una pizarra con un tenedor o con las uñas. ¿Hay algo que produzca más grima?

Por cierto, solo hay una manera de que el payaso fantasma no se te vuelva a aparecer nunca más. Si cuando te lo encuentras, eres tú el que se ríe, lo dejarás tan descolocado que jamás volverá a intentarlo.

Y'GOLONAC. En mano cerrada no entran moscas

Esta horrenda criatura gorda, fofa y desnuda tampoco tiene cabeza, pero no porque se la hayan cortado, sino simplemente porque es así. ¿Y cómo puede ver? No puede. ¿Y cómo puede oler? No puede, ni falta que le hace. ¿Y cómo puede comer? No puede... Espera, por supuesto que puede comer porque en la palma de las manos tiene dos horribles bocas dentadas que pueden hacer pedazos cualquier cosa que se le ponga por delante.

Y'golonac es un ser perverso que intentará por todos los medios que seas su seguidor para que dejes de ser buena persona y te dediques a hacer cosas malas. ¿Y cómo va a conseguirlo? Si pronuncias en voz alta su nombre, ya eres uno de sus esclavos. ¿Cómo? ¿¡Que estás leyendo el libro en voz alta y que ya lo has pronunciado!?

Que no punda el cánico, perdón, que no cunda el pánico. Solo te convertirás en su esclavo si pronuncias su nombre con la intención de ser su seguidor. No lo has hecho, ¿verdad? Entonces no pasa nada.

Este temible ser fue descrito por primera vez en 1969, de la mano del escritor Ramsey Campbell.

- Hábitat: **Valle del Severn, Gales (Reino Unido)**
- Tamaño: **humano grande**
- Otras especies: **única**
- Alimentación: **carnívoro**
- Sobrenombres: **Manos que alimentan**
- Actividad principal: **expandir el mal**

Pero, cuidado, porque Y'golonac no siempre tiene el mismo aspecto. Posee la capacidad de entrar en cualquier cuerpo y engañarte para que pronuncies su nombre.

Y'golonac cuenta siempre con cien detestables seguidores en todo el mundo. Ni uno más, ni uno menos. Cuando se cansa de alguien, lo elimina, y otro ocupa su lugar.

ZOMBI. Con lo bien que se está en la tumba...

¿Qué podemos decir de los zombis que todavía no sepas? ¿Que si te muerden te conviertes en uno de ellos? No, eso ya lo sabes. ¿Que han perdido su capacidad de razonar y que se pasan todo el día persiguiendo a los humanos? ¿Que no se cambian nunca de ropa y que babean sangre todo el día? ¿Que todo empieza con un diminuto virus y que en un visto y no visto se contagia por todo el planeta? Todo eso también lo sabías, ¿verdad? Lo que a lo mejor no sabes es que la palabra *zombi* se refiere a un ser que puede resucitar o volver a la vida. O que el origen de los zombis proviene de la cultura vudú, una religión africana que se extendió por todo el mundo, sobre todo en algunas zonas del Caribe americano.

FICHA

- Hábitat: **cementerio**
- Tamaño: **humano**
- Otras especies: **zombis humanos y zombis animales**
- Alimentación: **carne humana**
- Sobrenombres: **Muerto viviente, Muerto caminante, MC Braaains**
- Actividad principal: **perseguir humanos o aburrirse soberanamente**

En contra de lo que se cree, no todos los zombis son agresivos. Los hay muy creativos que tienen claro que no necesitan comer y que canalizan su agresividad participando en las famosas «peleas de gallos», es decir, compitiendo en concursos de música rap y creando originales rimas capaces de resucitar a un muerto.

Hay tantos tipos de zombis como de personas muertas. Los hay que parecen casi humanos vivos porque han muerto hace poco. Y los hay, claro, bastante desagradables, ya que puede verse como su piel o sus órganos están putrefactos y se les caen a trozos.

Según cuentan, un hechicero puede resucitar a un muerto utilizando la magia negra y convertirlo para toda la eternidad en su esclavo. El zombi, como ya no tiene voluntad, hará todo, absolutamente todo lo que tú quieras hasta el final de los tiempos. Te gustaría tener uno, ¿verdad?

HUMANOIDES

(más o menos civilizados)

QUE PODRÍAN SER TUS VECINOS

ALMA ERRANTE. Hay más de las que te imaginas

Algunas atraviesan paredes y otras no. Algunas saben que han muerto y otras no. Algunas son espíritus de personas y otras de animales. Algunas son buenas, algunas tienen cuerpo humano, algunas quieren y pueden comunicarse... y otras no. Lo que debes tener muy claro cuando te encuentres con un fantasma o alma errante es que se trata de la aparición de alguien que ha fallecido y que no ha podido partir al más allá por diferentes motivos: asuntos pendientes que debe solucionar, mensajes que ha de dar o venganzas que debe realizar.

¿Sabes por qué los fantasmas se han descrito tradicionalmente envueltos con sábanas y arrastrando cadenas? La sábana es el sudario, es decir, la tela con la que se envolvía a la gente que había muerto. Las cadenas son el símbolo de su atadura a la vida terrenal, de la que no pueden escapar.

FICHA

- Hábitat: **limbo**
- Tamaño: **humano o animal**
- Otras especies: **ectoplasmas, orbes, apariciones, espíritus**
- Alimentación: **ninguna**
- Sobrenombres: **acostumbran a utilizar su propio nombre o el del lugar donde fallecieron**
- Actividad principal: **solucionar temas pendientes**

Los niños y las
niñas son más propensos
a ver fantasmas. Su alma es más
pura y tienen menos prejuicios
que los adultos. Muchas veces, los
célebres amigos imaginarios son
solo almas errantes.

Existen fantasmas muy
famosos en lugares
todavía más famosos:
hay uno del presidente
americano Lincoln en
la Casa Blanca, el de
Ana Bolena (la mujer
de Enrique VIII) en la
Torre de Londres, el
fantasma de Canterville,
el de la Ópera de París,
etcétera, etcétera.

BOGEYMAN. De ti depende que sea bueno o malo

Bogeyman es otra criatura que ha evolucionado con el paso del tiempo. Ahora bien, hay una cosa que debes tener muy clara: si no haces caso a tus padres o te portas mal, Bogeyman, también conocido como el Coco, adoptará una apariencia escalofriante y se dedicará a aterrorizarte, a esconderse en tu habitación, a arañar tu ventana desde el exterior para que pases mucho mucho miedo. Como tú eres muy, pero que muy bueno, Bogeyman adoptará la forma de un hombre muy elegante, muy delgado y muy amable para ofrecerte todo tipo de lecturas. Y es que esta criatura misteriosa, junto con Frankenstein, es una de las más leídas y cultas del universo monstruoso. Se lo ha leído todo y puede decirte con exactitud qué libro te va a gustar más. Por eso, Bogeyman acostumbra a trabajar en las bibliotecas o como vendedor de libros a domicilio.

FICHA

- Hábitat: **cualquiera**
- Tamaño: **puede adoptar cualquier forma y tamaño**
- Otras especies: **única**
- Alimentación: **ninguna**
- Sobrenombres: **Coco, Cuco, Bogieman, Boogie Man, Bogle**
- Actividad principal: **recomendar lecturas o aterrorizar**

Los primeros bogeyman surgieron en Escocia y eran conocidos como boggarts, una especie de duendes que se dedicaban a hacer travesuras en las casas: esconder cosas, cambiarlas de sitio o asustar a las mascotas.

Cuando Bogeyman se te aparece, ya no puedes librarte de él, por muy lejos que te vayas. De ti depende que sea bueno o malo. Si te portas mal, siempre pasarás miedo porque se transformará en aquello que te produce más terror. Si te portas bien, ¡premio! No solo te ayudará en todo lo que necesites, sino que tendrás buena lectura asegurada para el resto de tu vida. Mola, ¿no?

La palabra bogey, en inglés, significa 'espectro', es decir, una aparición sobrenatural que causa miedo.

BROWNIE. ¡Más bueno que un... ídem!

Sabes lo que es un brownie, ¿verdad? Ese bizcochito de chocolate tan bueno de color marrón que se deshace en la boca. Pues el monstruito brownie es del mismo color chocolate y tan delicioso como el pastel. Se trata de un espíritu que habita en las zonas no ocupadas de las casas y que suele vivir en tierras inglesas y escocesas. Son de pequeña estatura, cara de anciano, pelo castaño, y, si se los trata bien, ayudan a los humanos en las pequeñas tareas de la casa, como limpiar o ahuyentar a los roedores. Casi siempre están de buen humor y dispuestos a ayudar, pero si no se los trata bien o se sienten ofendidos, pueden desaparecer al instante y deshacer todos los trabajos que han hecho. Por cierto, nunca critiques la indumentaria vieja y gastada de un brownie ni le ofrezcas ropa nueva. Si lo haces, se sentirá terriblemente ofendido y desaparecerá para siempre.

Existen brownies que no viven en las casas ni tienen relación alguna con los humanos; estos brownies acostumbran a vivir cerca de ríos y cascadas y su color no es tan oscuro.

FICHA

- Hábitat: **zonas libres de las casas**
- Tamaño: **50 cm**
- Otras especies: **tomtes, domovois, heinzelmännchen, Trasgu**
- Alimentación: **cualquier cosa dulce**
- Sobrenombres: **Urisk, Gruagach, Shellycoat**
- Actividad principal: **ayudar a los humanos en las tareas domésticas**

Durante las últimas décadas también se
ha visto a algún brownie en las grandes
empresas. Cuando todos los empleados ya han
terminado su jornada laboral, los brownies
aparecen para ayudar a vaciar papeleras
a los limpiadores nocturnos.

Para tener siempre
a tu brownie contento,
solo tienes que
acordarte de dejar
un plato con algún
alimento dulce,
preferiblemente
miel o leche.

BRUJAS. ¡Las reinas de los canales de cocina!

Existen brujas de todo tipo, procedencia y colores. Brujas buenas, brujas malas y brujas que no son ni buenas ni malas. Todo depende de los encargos que tengan o de si ese día se han levantado con el pie derecho o con un humor de perros. La gama de grises en este tema es casi infinita. Lo que sí tienen en común todas las brujas es que poseen poderes mágicos, ya sea porque los han heredado de sus antepasados, ya sea porque han aprendido sus artes de otras brujas. Y todas están también íntimamente ligadas a la tierra en su sentido más amplio: conocen todos los secretos de los animales, las plantas, los minerales, e incluso de los planetas y el universo.

Las brujas con el tiempo se han modernizado y ya no todas son superviejas ni van montadas en una escoba. Al contrario. La mayoría, gracias a sus hechizos, acostumbran a conservarse muy bien. Eso sí, casi nunca se separan de su gato negro.

De vez en cuando, sobre todo cuando hay luna llena o durante el solsticio de verano, las brujas acostumbran a reunirse para tratar asuntos varios. ¿Sabías que esas reuniones se llaman aquelarres?

FICHA

- Hábitat: **cualquiera**
- Tamaño: **humano**
- Otras especies: **muchas**
- Alimentación: **vegetariana, y algún bichito de vez en cuando**
- Sobrenombres: **según el tipo de bruja**
- Actividad principal: **elaborar recetas y pociones**

Son las reinas de los platos *healthy*, porque casi todos los productos que utilizan son ecológicos, sanos, vegetarianos y de proximidad.

Hay muchas brujas que, como son superexpertas en recetas, tienen sus propios programas de cocina en la televisión y en las redes sociales.

FANTASMA DE LA ÓPERA. Quien canta su mal espanta. O no...

Hay tantos fantasmas como pelos tienes en la cabeza, pero fantasmas de la ópera solo hay uno. Bueno, uno en cada edificio de la ópera y sala de conciertos del mundo. Y es que, en contra de lo que te diga cualquier compositor, no hay ópera o representación musical que no pase tarde o temprano por las manos de este fantasma. Se trata del mayor compositor musical de todos los tiempos y no se estrena nada sin su aprobación. Si no, que se lo pregunten a Mozart, Wagner, Verdi o Puccini. Si le gusta lo que se ha compuesto, la obra se estrena. Si no, la partitura tiene que mejorarse sí o sí. No hay otra opción. A lo largo de la historia ha habido muchos músicos que se han negado a cambiar las partituras según los deseos del fantasma, claro, pero después, pasa lo que pasa: la soprano se queda sin voz, el barítono desafina, las luces se apagan, el teatro se incendia, etc. El Fantasma de la Ópera es así. Con la cara deformada, vale, pero con el oído más fino de la historia de la música.

FICHA

- Hábitat: **óperas y salas de conciertos de todo el mundo**
- Tamaño: **humano**
- Otras especies: **única**
- Alimentación: **ninguna**
- Sobrenombres: **El compositor desfigurado, El enmascarado de la ópera**
- Actividad principal: **componer**

El primer Fantasma de la Ópera documentado se llamaba Erik y apareció en la Ópera de París, donde componía todas las obras a escondidas y donde se enamoró perdidamente de Christine, una de las jóvenes sopranos del teatro.

El Fantasma de la Ópera lleva siempre una máscara porque tiene la cara deformada desde que nació.

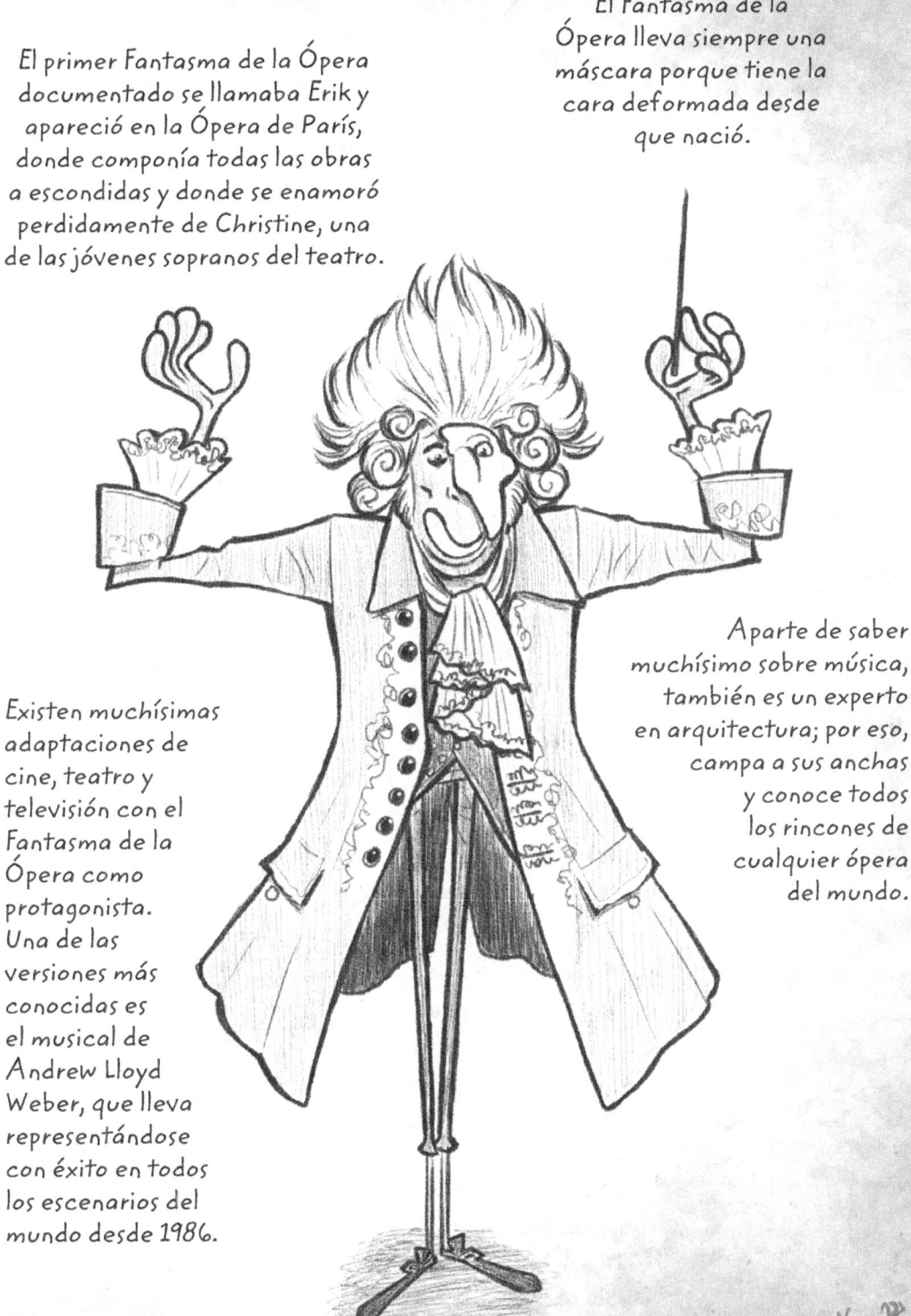

Existen muchísimas adaptaciones de cine, teatro y televisión con el Fantasma de la Ópera como protagonista. Una de las versiones más conocidas es el musical de Andrew Lloyd Weber, que lleva representándose con éxito en todos los escenarios del mundo desde 1986.

Aparte de saber muchísimo sobre música, también es un experto en arquitectura; por eso, campa a sus anchas y conoce todos los rincones de cualquier ópera del mundo.

63

GIGANTE. Los maestros de la construcción

Hay gente que no cree en los gigantes porque nunca ha visto ninguno, pero vamos a ver: ¿quién construyó esos muros altísimos y antiquísimos que se encuentran por todo el mundo? ¿Quién ayudó a construir las pirámides de Egipto, de México o la Gran Muralla China? ¿Quién provoca aludes y terremotos cuando no hay constatación alguna de que lo haya hecho la naturaleza? ¿Pues quiénes van a ser? Los gigantes, que siempre han estado entre nosotros. Y como nosotros, los hay buenos y no tan buenos. Los hay que miden pocos metros y otros que pueden llegar a los cien metros de altura. Sin ellos, construir según qué cosas sería prácticamente imposible y es a lo que se dedican en la actualidad: a construir y diseñar grandes edificaciones, normalmente por la noche, cuando casi todo el mundo duerme.

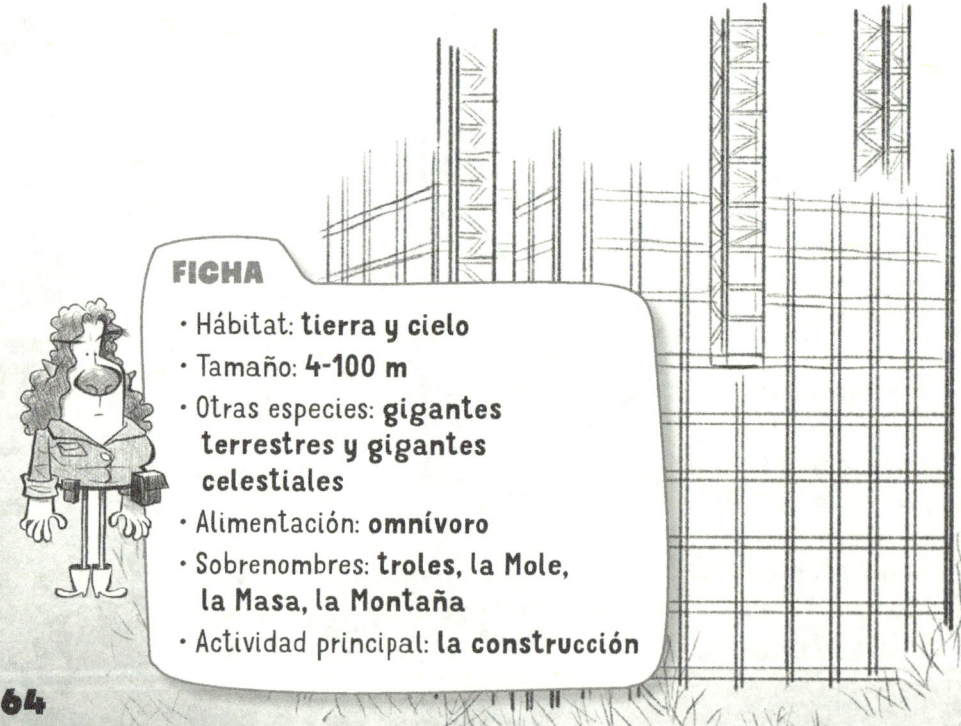

FICHA

- Hábitat: **tierra y cielo**
- Tamaño: **4-100 m**
- Otras especies: **gigantes terrestres y gigantes celestiales**
- Alimentación: **omnívoro**
- Sobrenombres: **troles, la Mole, la Masa, la Montaña**
- Actividad principal: **la construcción**

En Europa Occidental y Latinoamericana, existe la tradición de sacar a pasear gigantes de cartón de varios metros de altura en las fiestas populares. Normalmente, representan personajes históricos de la zona o del folclore popular, como el gigante del Pino o el gigante de la Ciudad en el caso de Barcelona.

Antiguamente, los gigantes no estaban dotados de mucha inteligencia y se dedicaban a causar estragos allí por donde pasaban. Con el paso de los siglos, esto ha cambiado y ahora casi todos colaboran, mano a mano, con los humanos.

Existen gigantes terrestres y gigantes celestiales. Mientras unos viven entre nosotros, los otros habitan encima de las nubes, donde nunca han visto ni saben lo que son los humanos.

HOMBRE DEL SACO.
Si haces caso a tus padres, Don't worry, be happy

Hombres del saco hay tantos como países, regiones o culturas existen en el mundo. A lo mejor te suenan el Hombre de la bolsa, el Viejo del saco, el Viejo del costal, Silbón, Papu o incluso Sacoman. Todos ellos, aunque con ligeras diferencias según la zona, se parecen mucho: un anciano muy mayor, que viste con ropas viejas y muy sucias, silencioso, solitario y con sombrero, que se dedica a deambular de noche alrededor de las casas y de los caminos y las calles poco transitadas. ¿Para qué? Básicamente, para llevarse dentro de su saco a los niños y niñas descarados, maleducados y traviesos que desobedecen a sus padres y se separan de ellos sin su permiso. Como tú no eres así, no tienes de qué preocuparte, ¿verdad?

FICHA

- Hábitat: **lugares solitarios y oscuros**
- Tamaño: **humano**
- Otras especies: **única**
- Alimentación: **omnívoro**
- Sobrenombres: **Hombre de la bolsa, Viejo del saco, Viejo del costal, Silbón, Papu o Sacoman**
  - Actividad principal: **raptar niños y niñas desobedientes**

Durante las últimas décadas, para pasar un poco más desapercibido, el Hombre del saco cuida un poco más su aspecto, pero no te fíes ni un pelo. Si es un desconocido y lleva un saco enooooorme, ni te acerques.

Se rumorea que el saco del Hombre del ídem es un agujero sin fin. ¿Te acuerdas del bolso de Mary Poppins? Pues lo mismo, pero en saco. Si alguna vez te metes en él (ojalá no pase nunca), te puedes encontrar con muchísimos niños y niñas, sí, pero también con centenares de objetos que ha ido recogiendo a lo largo de su vida.

HOMBRE INVISIBLE.
La criatura más *fashion* del universo

El Hombre invisible es una de las criaturas con menos poderes del panorama monstruoso, pero a la que todo el mundo le gustaría parecerse. ¿A que sí? ¿A que te gustaría ser invisible en algunas ocasiones? ¿A que te gustaría poder entrar y salir de más de un sitio sin ser visto? La única condición, claro, es que tendrías que ir totalmente desnudo. Así lo hace el Hombre invisible. Cuando no quiere que lo vean, fuera ropa y ¡pop! ya no está, porque su materia orgánica se convierte en invisible. Mola mucho cuando hace buen tiempo, pero en invierno no se atreve ni él. Por eso, en invierno, lo podemos ver vestido como un hombre normal, con sombrero, guantes en las manos y vendas en la cabeza. A veces, sin embargo, en vez de vendas prefiere maquillarse toda la piel visible con una buena base de maquillaje compacto, que es más difícil de extender que el de polvo o en crema, pero dura muchísimo más.

FICHA

- Hábitat: **Londres, pero viaja todo el año**
- Tamaño: **humano**
- Otras especies: **única**
- Alimentación: **omnívoro**
- Sobrenombres: **El invisible, El forastero, Hombre sin luz, Hombre sin sombra**
- Actividad principal: **diseñar ropa**

Dadas sus características físicas, el Hombre invisible ha trabajado casi siempre como espía para diferentes Gobiernos y organizaciones secretas, pero lo que más le gusta es la moda. Le encanta diseñar ropa y desfilar junto a sus modelos en las principales pasarelas internacionales.

El Hombre invisible se llama Jack Griffin y es doctor. Gracias (o por culpa) de uno de sus experimentos, logró convertirse en invisible. Solo había un problema: no existía ni existe ningún antídoto para volver a ser visible.

En 1897, en la novela El Hombre Invisible, del gran escritor H. G. Wells (el mismo que escribió La máquina del tiempo o La guerra de los mundos), apareció por primera vez.

LAMIA. La primera mujer vampiro de la historia

Aunque parezca raro, las lamias no son parientes de los vampiros. En sus orígenes tenían la misma manía de beber sangre humana, especialmente la de niños recién nacidos, pero hasta aquí las similitudes.

Lamia está considerada la primera mujer vampiro de la historia y no tiene problemas ni con el sol, ni con los ajos, ni con los espejos, ni con las cruces. El único problema que tiene, y no es pequeño, es que no puede dormir con los ojos cerrados. En cuanto lo intenta, las peores pesadillas aparecen en su mente. ¿Solución? Se quita los ojos para irse a dormir. Se lava los dientes, se pone el pijama, pone sus ojos en un vasito de agua y a soñar con los angelitos.

Las lamias ya no beben sangre de bebés para sobrevivir. Al igual que los vampiros, se han pasado a dietas más sanas y les basta con zumos de frutos rojos y alguna que otra pieza de carne muy poco hecha de vez en cuando.

FICHA

- Hábitat: **cualquiera**
- Tamaño: **humano**
- Otras especies: **lamias con cola de serpiente**
- Alimentación: **zumos y carne poco hecha**
- Sobrenombres: **Sibaris, mujer vampiro, Lumia**
- Actividad principal: **las habituales de cualquier ser humano**

En la actualidad, aunque están presentes en todas las esferas de la sociedad, las lamias tienen predilección por la puericultura y el cuidado de los niños. También son buenísimas como vigilantes nocturnas, ya que mientras ellas duermen, sus ojos lo continúan viendo todo desde el vaso de agua.

En algunas épocas, se cuenta que las lamias tenían torso de mujer y cola de serpiente, pero la original tiene la apariencia de una mujer normal. Sí, como la de tu tía María, la de tu maestra Carmen o como la de tu vecina. Sí, esa que siempre va con las gafas oscuras.

VAMPIRO. ¡Volando voy, volando vengo, vengo!

Sangre, colmillos, tez blanca, fuerza sobrehumana, capacidad para transformarse en murciélago o en niebla o en cualquier otro animal, sin reflejo en los espejos, con pánico a los rayos del sol y a los objetos sagrados, que duerme dentro de sarcófagos en vez de sobre colchones... Te suena todo esto, ¿verdad? El vampiro es una de las criaturas más famosas de todos los tiempos, y durante siglos ha sido odiado, temido y aniquilado sin piedad. Y no era para menos. En cuanto te despistabas, ya tenías dos agujeritos en el cuello, dos litros menos de sangre, ¡y venga!, a beber sangre tú también hasta el fin de los tiempos. Adiós a las patatas fritas, a las hamburguesas, a los huevos fritos y a los pasteles de chocolate. Y, por supuesto, adiós a los días soleados de playa y a mirarte en los espejos. ¿Te imaginas vivir sin poder verte reflejado jamás en un espejo?

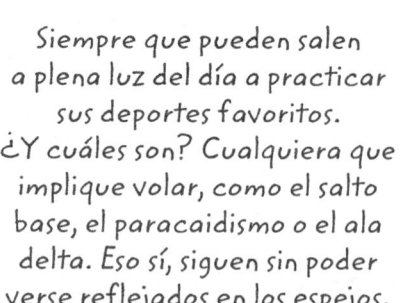

Uno de los vampiros más famosos de todos los tiempos es Drácula, que aparece en la novela de Bram Stoker. Está basada en un príncipe real, Vlad Tepes, famoso por su crueldad y por ser aficionado a untar pan en la sangre de sus enemigos. Si algún día viajas a Rumanía, concretamente a la región de Transilvania, podrás visitar su castillo. Llévate unos ajos en la mochila, por si acaso.

Siempre que pueden salen a plena luz del día a practicar sus deportes favoritos. ¿Y cuáles son? Cualquiera que implique volar, como el salto base, el paracaidismo o el ala delta. Eso sí, siguen sin poder verse reflejados en los espejos.

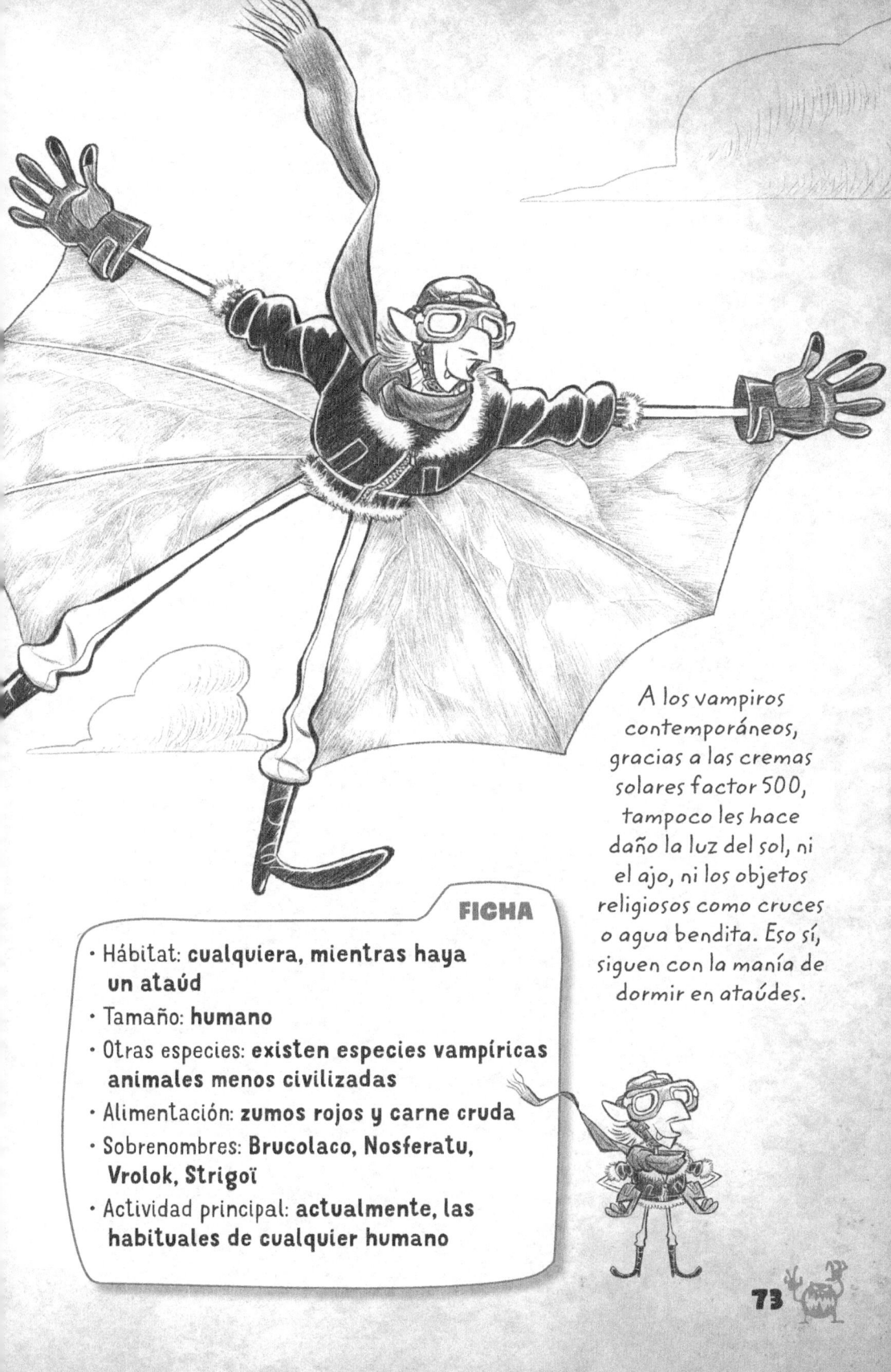

A los vampiros contemporáneos, gracias a las cremas solares factor 500, tampoco les hace daño la luz del sol, ni el ajo, ni los objetos religiosos como cruces o agua bendita. Eso sí, siguen con la manía de dormir en ataúdes.

FICHA

- Hábitat: **cualquiera, mientras haya un ataúd**
- Tamaño: **humano**
- Otras especies: **existen especies vampíricas animales menos civilizadas**
- Alimentación: **zumos rojos y carne cruda**
- Sobrenombres: **Brucolaco, Nosferatu, Vrolok, Strigoï**
- Actividad principal: **actualmente, las habituales de cualquier humano**

HUMANOIDES SOBRENATURALES QUE, SI SON TUS VECINOS, HARÁN QUE QUIERAS MUDARTE

BIGFOOT. ¡Como le huelan los pies, lo llevas claro!

'Pie grande', eso es lo que significa Bigfoot. Su huella la podrías ver si algún día vas de excursión a las montañas del oeste y el norte de Estados Unidos. ¿Y por qué lo llaman así? Pues porque tiene un pie de más de cuarenta centímetros. Hay muy pocos zapateros en el mundo capaces de fabricar unas botas de montaña para él. Y lo mismo pasa con la ropa cuando necesita vestirse. Bigfoot puede medir hasta tres metros, es una criatura medio humana, medio primate, de cabeza puntiaguda, frente amplia, con el cuerpo cubierto de pelo y el rostro parecido al de un cavernícola. Acostumbra a tener el pelaje negro o marrón, pero en algunas ocasiones lo han descrito de color rojizo. Exacto, como los orangutanes.

Bigfoot es descendiente directo del Gigantopithecus y no solo existe en Norteamérica. Quién sabe si tú serás la próxima persona que lo encontrará. ¡No te olvides de hacerle una foto!

FICHA

- Hábitat: **bosques de América del Norte**
- Tamaño: **2-3 m**
- Otras especies: **Yeti, Basajaun, Orang Pendek**
- Alimentación: **carnívoro**
- Sobrenombres: **Sasquatch, el salvaje de Winsted, el monstruo de Bluff Creek**
- Actividad principal: **intentar pasar desapercibido**

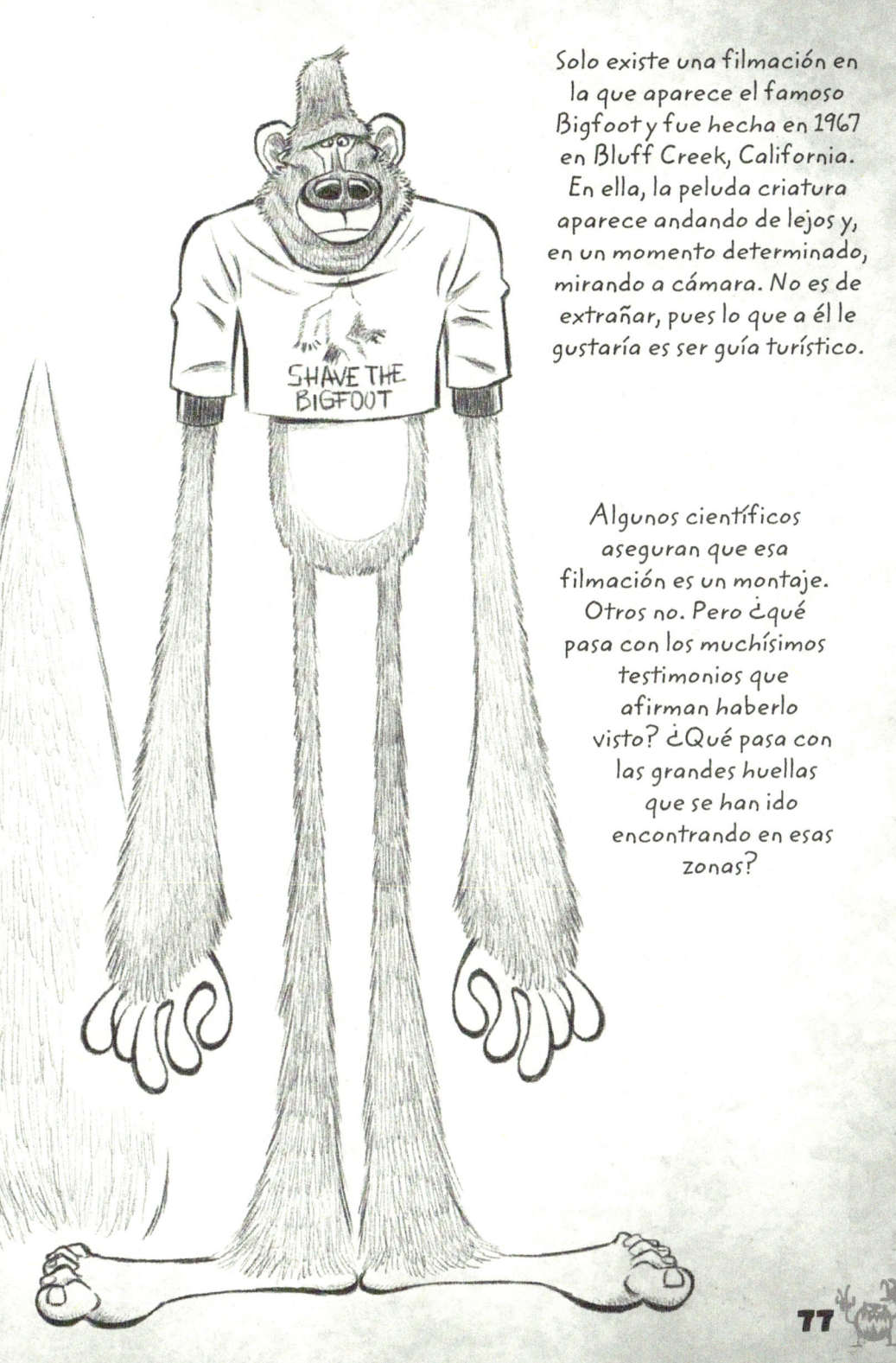

Solo existe una filmación en la que aparece el famoso Bigfoot y fue hecha en 1967 en Bluff Creek, California. En ella, la peluda criatura aparece andando de lejos y, en un momento determinado, mirando a cámara. No es de extrañar, pues lo que a él le gustaría es ser guía turístico.

Algunos científicos aseguran que esa filmación es un montaje. Otros no. Pero ¿qué pasa con los muchísimos testimonios que afirman haberlo visto? ¿Qué pasa con las grandes huellas que se han ido encontrando en esas zonas?

SHAVE THE BIGFOOT

CÍCLOPE.
¡Ojo, que viene!

Un cíclope es un gigante con un solo ojo, enorme y redondo, en medio de la frente. Pero no creas que por eso tiene peor vista. Y ojito con lo que dices sobre él; con el paso del tiempo se ha vuelto, aparte de más inteligente, bastante susceptible. Hace muchas generaciones, los cíclopes eran gigantes no muy listos, tercos, muy fuertes y con bastante mal humor. Eran expertos en el manejo del metal y la mayoría se dedicaban a la herrería, al pastoreo y a la lucha.

Ándate con mucho ojo, porque hay escritos que aseguran que algunos cíclopes tienen el poder de desintegrar lo que quieran con su único ojo. Para no pegar ojo en toda la noche, ¿verdad?

Históricamente, se sabe que los primeros cíclopes eran tres: Arges (el Resplandor). Brontes (el Trueno) y Estéro (el Relámpago)..

FICHA

- Hábitat: **islas griegas e italianas**
- Tamaño: **hasta 5 m**
- Otras especies: **gigantes**
- Alimentación: **carnívoro**
- Sobrenombres: **Mekhanai, gigante de un solo ojo**
- Actividad principal: **antiguamente, herrería y pastoreo**

Uno de los cíclopes más famosos de la historia se llamaba Polifemo y aparece en la Odisea de Homero.

Aunque no se han encontrado documentos que apoyen esta teoría, se comenta que los cíclopes son los inventores de los telescopios, del anteojo y de todos los aparatos que se miran con un solo ojo. Quizá tengan razón, ya que, en la actualidad, la mayoría de los cíclopes acostumbran a regentar ópticas de lujo especializadas donde cada monóculo cuesta un ojo de la cara.

La palabra *cíclope* significa 'ojos redondos', en referencia a estos grandes seres mitológicos, pero ciclo, en griego, significa 'círculo'; por eso, se usa en palabras como bicicleta, ciclón, hemiciclo o ciclismo.

ENT. El perezoso de los árboles

¿Has visto alguna vez un perezoso? Es ese animal que parece que se mueva a cámara lenta. Pues el ent es todavía más lento. Se trata de unos árboles humanoides parlantes y muy sabios que existen desde que el mundo es mundo y que acostumbran a vivir en el interior de los bosques milenarios de todo el planeta. Su función básica es el pastoreo, pero no el pastoreo de animales, sino de árboles: cuidan y protegen sus bosques de todo tipo de amenazas, básicamente la de los hombres, y utilizan su propio lenguaje. Seguro que lo has oído alguna vez dentro del bosque. Son esos sonidos que parecen crujidos, que se mezclan con el viento y que aumentan sorprendentemente cuando algún desaprensivo pasa cerca con un hacha, cuando hay tormenta o cuando se aproxima un incendio. Fíjate bien cuando pasees por el bosque. ¿Ves una cara humana en la corteza de ese árbol milenario? Es un ent.

Solo se tiene constancia escrita de una ent femenina. Su nombre es Fimbrethil y era la pareja del famoso Bárbol de la trilogía de *El señor de los anillos*, de J. R. R. Tolkien. A las ents femeninas se las conoce con el nombre de entwives.

Los ents son cien por cien pacíficos y tienen una paciencia infinita. Tardan varios años en tomar una decisión o en efectuar una acción, pero si los atacas o si su bosque está en peligro, corre, porque se vuelven muy agresivos y su poder de destrucción es brutal.

Los mejores amigos de los ents son los elfos del bosque, ya que estos seres aman y cuidan la naturaleza tanto como ellos.

FICHA

- Hábitat: **bosques milenarios**
- Tamaño: **a partir de 4 m**
- Otras especies: **Ucornos**
- Alimentación: **líquidos vegetales**
- Sobrenombres: **árbol andante, árbol sabio, protector del bosque**
- Actividad principal: **guardianes de los bosques**

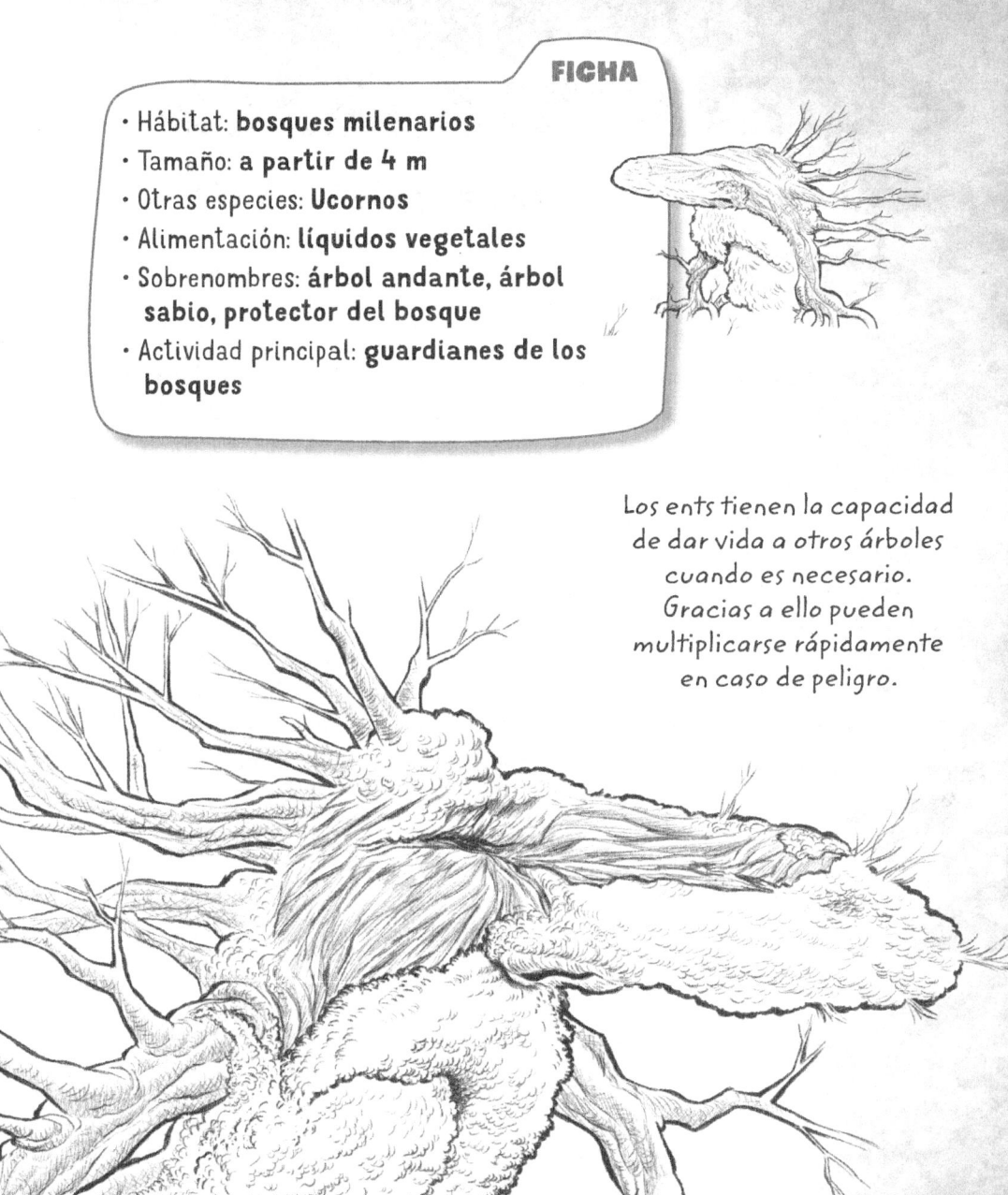

Los ents tienen la capacidad de dar vida a otros árboles cuando es necesario. Gracias a ello pueden multiplicarse rápidamente en caso de peligro.

ESPANTAPÁJAROS.
Mucho más que ropa vieja y paja

Un espantapájaros no es más que un muñeco de tamaño y forma humana vestido con ropas viejas y relleno de paja que sirve para que las aves no se acerquen a los cultivos. Pero si solo es eso, ¿por qué una mañana está en una posición y a la mañana siguiente en otra? ¿Por qué un día la cabeza mira al suelo y al día siguiente al cielo? ¿Por qué hay paja esparcida a sus pies? La respuesta es evidente: porque durante la noche cobra vida, sobre todo en primavera. ¿Con qué finalidad? Pues, aparte de para estirar y airear un poco su cuerpo, para perseguir y atormentar a las personas que han sido crueles con los animales o con la naturaleza y, también, a los granjeros que no los han cuidado adecuadamente. Si tú no estás entre ellos, puedes dormir tranquilo.

FICHA

- Hábitat: **campos de cultivo de todo el mundo**
- Tamaño: **casi siempre como un humano**
- Otras especies: **única, con distinta indumentaria**
- Alimentación: **ninguna**
- Sobrenombres: **Kakashis, Bootzamon, espantajo del diablo, vigilante de la cosecha**
- Actividad principal: **teóricamente, espantar a los pájaros**

Al contrario de lo que se cree, los espantapájaros aman a los pájaros y los pájaros los aman a ellos. Esta amistad se remonta al día en el que un espantapájaros le salvó la vida a un cuervo hambriento y enfermo. Desde entonces, no solo son aliados, sino que todas las aves les están agradecidas y atacan a cualquiera que quiera dañar al hombre de paja.

Gracias a esta alianza y para guardar las apariencias frente a los humanos, durante el día los pájaros simulan que el espantapájaros les da miedo y no se acercan a las cosechas. Cuando llega la noche, sin embargo, las aves no solo se alimentan, sino que ayudan al espantapájaros a perseguir a sus víctimas.

EWAIPANOMA. No es que haya perdido la cabeza, ¡es que no tiene!

¿Y cómo puede ver, comer, oír y oler? Pues es muy sencillo, porque los ewaipanomas tienen los ojos, la boca, las orejas y la nariz en el pecho. Si alguna vez viajas a la Guayana Venezolana, a lo mejor tienes la suerte de verlos. Aunque es difícil, ya que hace ya bastantes años que no se ha visto ninguno. Y es una lástima, porque según las descripciones y los dibujos del explorador Walter Raleigh, son seres con una larga cabellera que les nace en los hombros, increíblemente atléticos, que viven en la selva y que son los encargados de custodiar un montón de riquezas. Siempre van cargados con sus arcos y sus flechas y a menudo se los ha visto acompañados de otras criaturas mitológicas muy muy guerreras: las famosas amazonas.

Se dice que los ewaipanomas no mueren nunca porque conocen los poderes secretos del agua.

FICHA

- Hábitat: **Guayana Venezolana, cuencas de los ríos Caura, Aro y Erebato**
- Tamaño: **humano, pero sin cabeza**
- Otras especies: **Blemias, Chiparemis, Epistigi**
- Alimentación: **omnívoro**
- Sobrenombres: **descabezado**
- Actividad principal: **cazar y custodiar metales preciosos**

Con la deforestación de la selva no han tenido más remedio que buscar rincones muy remotos para esconderse.

Otras versiones dicen que, al verse indefensos ante la modernización de la zona y el avance de las máquinas, han utilizado de nuevo el poder del agua para dejar de existir.

Los ewaipanomas, igual que sus amigas las amazonas, son expertos tiradores de arco, aunque tengan los ojos en medio del torso.

Si participasen en un campeonato de tiro, segurísimo que ganarían. ¡Donde ponen el pecho, ponen la flecha!

FACHAN. Medio monstruo, sí, pero ¡vaya criaturita!

Fachan es un monstruo pequeño pero aterrador. ¿Por qué? Porque su cuerpo solo tiene un brazo, una pierna, un ojo, tres filas de colmillos en una boca enorme y extremidades extragrandes. ¿Qué te parece? Pues los escalofríos no acaban aquí. Fachan, aunque solo dispone de una pierna y un brazo, es tremendamente rápido y fuerte. Casi siempre va armado con un bastón lleno de púas o con una cadena de hierro que destroza todo lo que encuentra a su paso. En Irlanda, tierra de donde es originario fachan, sienten verdadero pavor cada vez que se pierden en el bosque o cogen caminos oscuros poco transitados. Es malo, muy malo. Disfruta aterrorizando a la gente y, si puede, acaba con ella.

Es casi imposible escapar de fachan, porque es rápido, sí, pero también porque posee el don de echar maldiciones a las personas que no consigue atrapar. Ya en casa, cuando creen que están a salvo, empiezan a encontrarse mal o a tener todo tipo de horribles alucinaciones.

Solo existe un caso documentado, escrito por John Francis Campbell, de alguien que consiguió derrotar a fachan en un duelo. Se trata de Nesnas Mhiccallain, que acabó convirtiéndose en rey de Irlanda.

FICHA

- Hábitat: **colinas y llanuras**
- Tamaño: **variable**
- Otras especies: **única**
- Alimentación: **carnívoro**
- Sobrenombres: **Peg Leg Jack, Fachin, Fachen, enano de Glen Etive**
- Actividad principal: **aterrorizar y comer humanos**

No te dejes engañar por la ilustración. Parece que esté meditando. Parece pacífico. Hasta parece simpático, ¿verdad? Pues no. A la que abre los ojos... perdón, a la que abre el ojo, se transforma en el monstruo que acabamos de describir.

GOBLIN. De todo, menos simpático

Los goblins no se quedan atrás como seres despreciables.
A grandes rasgos, se trata de seres malvados de piel verde, un poco más pequeños que un orco convencional, pero con los sentidos más desarrollados. Aunque existen muchos tipos de goblins, todos tienen en común que odian a los humanos y que dedican su vida a la lucha, a la construcción de armas y a la acumulación de riquezas. Ni el más educado de los goblins, por mucho que lo intente, llega a ser mínimamente agradable. Su apariencia tampoco lo es: visten con telas viejas, gastadas y resistentes, y casi siempre van enfundados en sus cascos y sus armaduras. Nunca se sabe cuándo hay que volver a pelear...

El oído, el tacto, el olfato y la vista de los goblins son muy agudos. Tienen una nariz y unas orejas enormes y pueden ver en la oscuridad. Son extremadamente sucios y ruidosos, y nunca dejan de pelearse entre sí.

FICHA

- Hábitat: **nómada**
- Tamaño: **1,5 m**
- Otras especies: **beguest, hobgoblin, pukwudgie**
- Alimentación: **carnívoro**
- Sobrenombres: **gobblin, gobeline, gobling**
- Actividad principal: **luchar y mercadear**

Con el paso del tiempo, algunos goblins se han civilizado un poco. No es que se hayan transformado en las criaturas más educadas del mundo, pero sí que han conseguido vivir entre nosotros. La mayoría, gracias a sus habilidades con las manos y a su gran aprecio hacia los metales preciosos, se dedican a la orfebrería, a la joyería y a la bisutería.

Como buenos nómadas, acostumbran a vender sus productos en mercados y en ferias ambulantes. Si algún día decides comprarles algo, ten los ojos muy abiertos: seguramente querrán timarte.

Los goblins son nómadas, es decir, trasladan sus campamentos constantemente con el fin de mercadear con otras tribus o participar en distintas batallas. Los goblins exploradores montan en grandes lobos y sirven tanto para vigilar como para abrir camino a las caravanas.

MONSTRUO DE LA LAGUNA.
Ay, el amor...

El monstruo de la laguna es un humanoide con todas las características de un anfibio. Es decir, es una criatura que se halla a medio camino entre un hombre terrestre y un animal acuático, con sus branquias, sus manos palmípedas y su piel cubierta de escamas. Aunque el más famoso se encuentra en el Amazonas, no es raro localizarlo en cualquier laguna alejada de la civilización. Es pacífico, se pasa el día pescando y durmiendo, pero tiene un punto débil: es muy caprichoso. Cuando ve a alguien que le gusta, se pasa el día cazándole peces, regalándole todo tipo de objetos y cantándole canciones de amor. Él se cree muy romántico y no acaba de entender por qué a la gente no le gusta que le den tanto la vara. Si algún día te lo encuentras, tú ni caso. Ni regalitos, ni cancioncitas, ni pececitos. ¿Qué se ha creído? A ver si así aprende de una vez a tratar al personal.

Se cree que el monstruo de la laguna no es un eslabón perdido de la naturaleza o un ser que se quedó a medio camino entre el anfibio y el ser humano, sino que es fruto de unos experimentos científicos radiactivos con humanos que salieron muy, pero que muy mal.

FICHA

- Hábitat: **Amazonas y lagunas escondidas**
- Tamaño: **2 m de altura**
- Otras especies: **única**
- Alimentación: **peces**
- Sobrenombres: **monstruo del pantano, monstruo de la laguna negra**
- Actividad principal: **comer, dormir y enamorarse**

Existen criaturas de la laguna por todo el mundo. Aunque no son peligrosas, mejor no te acerques a sus lagunas porque se te quitarán las ganas de nadar después de escuchar una de sus baladas desafinadas.

Aunque este ser es sobradamente conocido en muchas regiones, sobre todo por la zona del Amazonas, no se hizo famoso hasta que llevaron al cine varias películas inspiradas en él: *La mujer y el monstruo, El regreso del monstruo* y *El monstruo vengador*, allá por 1950.

NINGEN. El dormilón del norte

Si un día vas de vacaciones al círculo polar ártico, o sea, al Polo Norte, aparte de llevarte gafas de sol, un montón de ropa de abrigo y cuatro pares de guantes, tienes que acordarte de prestar mucha atención a la fauna, ya que con un poco de suerte verás a Ningen. Debes fijarte mucho. No porque sea pequeño, al contrario. Ningen mide unos veinte metros, pero está considerado como uno de los monstruos más difíciles de ver. ¿Por qué? Pues porque es totalmente blanco. Blanco como el hielo donde vive, blanco como la nieve o blanco como esa página donde debes escribir tu próxima redacción. Solo podrás verlo si abre los ojos, ya que, a diferencia de su cuerpo, estos son negros y superbrillantes.

La mayor parte del tiempo duerme. En el Polo Norte tampoco hay mucho más que hacer, la verdad.

FICHA

- Hábitat: **Polo Norte**
- Tamaño: **20 m de altura**
- Otras especies: **única**
- Alimentación: **plancton**
- Sobrenombres: **Dormilón del norte, Ningenzzzzz, Dormilón invisible**
- Actividad principal: **dormir y comer**

Ningen no tiene brazos; tampoco tiene dientes, ni falta que le hacen ni una cosa ni la otra. Con sus dos largas piernas pegadas a la cabeza, solo tiene que abrir un poco la boca para alimentarse de plancton y de otros microorganismos de las profundidades marinas.

Con el calentamiento global del planeta, hace ya tiempo que no se ha tenido noticias de él. Se lo vio por última vez hace unos veinte años sobre una gran placa de hielo que se había desprendido del círculo polar.

Tanto dormir, y ni se había dado cuenta, pobrecito…

OGRO. No es el monstruo más limpio del mundo

El ogro pertenece a la misma familia que los troles y los orcos. Podría decirse que son como primos lejanos y cuesta decir cuál de ellos es más feo, sucio, pestilente y desagradable. El ogro, a diferencia de sus parientes, tiene poderes mágicos y puede cambiar de forma cuando le apetece: a veces es humano, a veces animal y otras mitad humano y mitad animal. Su comida preferida, claro está, son los niños, pero no le hace ascos a cualquier otro bicho que pueda capturar. No es muy probable que, paseando por el bosque, que es donde vive, puedas encontrarte con uno. Primero, porque es tan sucio que olerás su hedor a kilómetros de distancia. Y segundo, porque le importa muy poco tener el bosque limpio, sano y ordenado, y acostumbra a estar en zonas desiertas, sucias y destrozadas.

FICHA

- Hábitat: **ciénagas y bosques sucios y pestilentes**
- Tamaño: **puede cambiar de tamaño a voluntad**
- Otras especies: **ogros comunes, ogros magos, Merrow (ogro acuático)**
- Alimentación: **todo lo que tenga carne**
- Sobrenombres: **comeniños**
- Actividad principal: **comer niños y ensuciarlo todo**

Hay tantos tipos de ogros como verrugas tienen ellos en el cuerpo, pero la mayoría superan la altura y la anchura de los humanos, tienen un gran cabezón, ojos, dientes y manos enormes, piel oscura y pelos por todas partes. Tampoco son muy listos, que digamos.

Has oído alguna vez llamar ogro a alguna persona, ¿verdad? A lo mejor es porque es muy bruto, se comporta sin modales o todo el día está mandando.

La literatura, el cine, la televisión y hasta los cómics y videojuegos están llenos de ogros famosos. Seguro que recuerdas las historias de *Pulgarcito* o *El gato con botas*, escritos por Charles Perrault, o aquel simpático ogro verde que se hace amigo de un asno que habla.

ORCO. Seguro que a este no le dan el Premio Nobel de la Paz...

Mucho ojito con los orcos. No solo son conocidos como los seres más despreciables de los bosques, sino que son terriblemente violentos y existen con el único propósito de hacer el mal. Sus máximos enemigos son los elfos, pero no tienen ningún inconveniente en cargarse a cualquiera que se cruza en su camino. Incluso si es otro orco. Los orcos son famosos por estar luchando contra todos y también entre sí todo el tiempo. Todos quieren ser el jefe de la tribu y hacen lo que sea para conseguirlo. Lógicamente, como siempre están luchando, la esperanza de vida de estas bestias no es muy elevada. Atención al siguiente dato: nunca nunca nunca se ha encontrado el cuerpo de un orco después de morir. Ya adivinas por qué, ¿verdad? Son carnívoros y no le hacen ningún asco ni a los de su propia especie.

FICHA

- Hábitat: **campamentos en montañas y bosques**
- Tamaño: **casi como un humano**
- Otras especies: **orogs, semiorcos, trasgos, goblins**
- Alimentación: **carnívoro y caníbal**
- Sobrenombres: **criatura del inframundo, destructor del bosque**
- Actividad principal: **luchar, luchar y luchar**

Existen varias especies de orcos. Los orogs, por ejemplo, son una mezcla entre orcos y ogros y acostumbran a ser más altos, más violentos y más inteligentes. Los semiorcos, por otro lado, son una mezcla entre orcos y otras razas como los humanos o los goblins. Los semiorcos nos los podemos encontrar a veces en nuestra sociedad; normalmente en tareas que requieran manejar maquinaria pesada como autobuses, camiones, grúas o excavadoras.

La dentadura de los orcos ha evolucionado para que trabaje con total eficacia: poseen enormes muelas y caninos muy desarrollados para poder desgarrar la carne con mayor facilidad.

TRASGU. Travieso no, lo siguiente

Nunca debes confundir a un travieso trasgu ni con un malvado goblin, ni con un supermalvado orco. El trasgu, terminado en «u», es casi lo opuesto a ellos y existe en casi todos los países del mundo, sobre todo en Europa, aunque se lo conoce con diferentes nombres. En territorio español podemos encontrar trasgus en todas las provincias de la cornisa cantábrica. Se trata de un duende que, al igual que el brownie, habita en las casas y lo que más le gusta es hacer travesuras: esconder objetos, engañar a los humanos, romper cosas, probarse la ropa de los armarios o despeinar los cabellos de los niños cuando están dormidos. En casi todas las regiones, el trasgu es de pequeña estatura, viste un gorro puntiagudo y una blusa colorada, es cojo de la pierna derecha, tiene cola y en la mano izquierda tiene un agujero.

FICHA

- Hábitat: **casas de humanos**
- Tamaño: **no llega a 50 cm**
- Otras especies: **brownies y duendes del hogar**
- Alimentación: **todo lo que encuentran, principalmente dulces**
- Sobrenombres: **Kobold, trasgo, Pumuki, diablo burlón, trasno, trenti**
- Actividad principal: **hacer travesuras**

Los trasgus también tienen la capacidad de ser invisibles. O sea, que cuidadín con lo que dices cuando crees que no están. Si te oyen, serás el blanco de todas sus travesuras.

Aunque al principio puede hacerte cierta gracia tener a un trasgu viviendo contigo, con el tiempo puede volverse muy, pero que muy pesado y desearás que se vaya de casa. La única manera de conseguirlo es mandarle una tarea imposible, porque es una criatura tan orgullosa que, cuando vea que no es capaz de hacerla, se sentirá terriblemente ridículo y se marchará.

Tradicionalmente hay varias tareas imposibles que le puedes encomendar a un trasgu para conseguir que se vaya: decirle que traiga un cesto de mimbre lleno de agua o que recoja a puñados, y con la mano izquierda, cosas pequeñas como los cereales o la arena. Como tiene la mano agujereada...

Los trasgus suelen meterse en las casas que tienen el fuego encendido (o la calefacción) y al principio ayudan en las tareas domésticas. Lástima que la cosa dure poco. Ya se sabe: a veces hay tanta confianza que da asco...

TROL. ¡Te quedarás de piedra!

Los troles, como muchos monstruos y criaturas fantásticas, han ido evolucionando con el tiempo y en la actualidad se pueden encontrar por todo el mundo realizando todo tipo de tareas. Siempre de noche o en días nublados, claro, ya que los rayos del sol los convierten inmediatamente en piedra. Sin embargo, algunos troles ni son tan limpios, ni tan sociables, ni tan pequeños como algunos que puedas conocer. Son monstruos enormes que viven en cuevas y grutas subterráneas, sobre todo en países escandinavos del norte de Europa y que se dedican a robar y a comerse cualquier bicho viviente con algo de carne; niños y niñas incluidos, por supuesto. Hay que ir con mucho cuidado, ya que algunos de ellos tienen el poder de volverse invisibles, pero no te preocupes demasiado: son tan sucios que los olerás a bastante distancia.

FICHA

- Hábitat: **cuevas montañosas o subterráneas**
- Tamaño: **hasta 5 m**
- Otras especies: **trol grande, trol pequeño y sociable, gigantes**
- Alimentación: **carnívoro**
- Sobrenombres: **gente de la colina, trows, gigantes de la noche**
- Actividad principal: **comer y alborotar**

Las esposas de los troles se llaman trollkonor, y son astutas e inteligentes. Su aspecto, sin embargo, es igual de desagradable que el de ellos.

La mayoría de los troles que existen entre nosotros pertenecen a la especie pequeña y sociable. Algunos tienen cola, que mantienen escondida, y muchos de ellos son aficionados a la música heavy, muy popular en los países nórdicos. Ahora bien, todos los conciertos los hacen de noche o en locales subterráneos donde no llegue la luz diurna.

Si alguna vez te encuentras a un trol, no te asustes, ni huyas, ni intentes luchar contra él. La mejor forma de salir ileso es empezar a hablar sin parar y mantener una conversación con él hasta que salga el sol. Como no son muy inteligentes, este método casi siempre funciona.

YETI. El no tan abominable hombre de las nieves

Blanco, peludo, brazos largos hasta las rodillas, cabeza puntiaguda, con andares propios de ser humano, esquivo... Así es el famoso Yeti y así es como lo describen los innumerables alpinistas, excursionistas y lugareños que aseguran haberlo visto en las cumbres de la cordillera del Himalaya.

La existencia de este misterioso monstruo empezó a aparecer en las portadas de todos los periódicos del mundo a partir de las expediciones que se hicieron en el siglo XIX por la cordillera del Himalaya, sobre todo en la zona del Everest. Sin embargo, lo cierto es que esta criatura forma parte de la cultura de las gentes de Nepal y del Tíbet desde hace siglos. Y no solo eso, muchos coinciden en que no solo existe un Yeti viviendo entre las nieves eternas de las altas cumbres, sino todo un clan que ha conseguido sobrevivir al paso de los años, al frío extremo y a la persecución de los famosos cazadores de monstruos.

El Yeti nunca sale de su refugio acompañado. Sabe que yendo solo pasará más desapercibido. Aunque siempre ha sido carnívoro, en más de una ocasión se atreve a acercarse a los campamentos de los alpinistas para robarles frutos secos. Solo de noche y en zonas rocosas, claro, así las huellas en la nieve no pueden delatar su presencia.

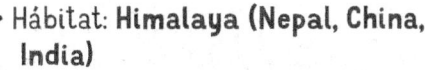

FICHA

- **Hábitat:** **Himalaya (Nepal, China, India)**
- **Tamaño:** **alrededor de 4 m**
- **Otras especies: : Bigfoot**
- **Alimentación:** **omnívoro**
- **Sobrenombres:** **Abominable hombre de las nieves, Snowman, Metoh-Kangmi**
- **Actividad principal:** **comer y pasar desapercibido**

Los pastores de yaks que pastan en las cumbres nevadas están acostumbrados a que, de vez en cuando, desaparezca algún ejemplar de su rebaño.

¿MEDIO HUMANOS? ¿MEDIO ANIMALES? ¡CIEN POR CIEN MONSTRUOS!

BESTIA DE GÉVAUDAN.
¿Es un lobo? ¿Es un perro?
¿Es un perro lobo?

No se sabe, pero lo que está claro es que si te paseas algún día por el sur de Francia es mejor que no te pares a acariciar al primer perro grande que pase por tu lado. Podría ser la bestia de Gévaudan y te darías cuenta cuando fuera demasiado tarde. Parece un perro y parece un lobo, cierto, pero es más que eso. Se trata de una criatura muy hábil e inteligente que no solo es un gran cazador, sino que tiene la capacidad de pasar desapercibido. Algunos dicen que lo han visto imitar a los humanos, andando sobre sus dos patas traseras. Otros, que puede camuflarse con el entorno como un camaleón y hasta que puede vestirse de persona para acercarse a sus presas con total comodidad. Tú, por si acaso, no te acerques nunca a esta bestia peluda de color rojizo, por muy simpático que te parezca.

FICHA

- Hábitat: **bosques del sur de Francia**
  - Tamaño: **el doble que un lobo**
- Otras especies: **Dip, Cadejo, Garm, perro negro...**
  - Alimentación: **carnívoro**
- Sobrenombres: **lobo de Hubacs, asesino de Masmejean**
- Actividad principal: **atacar, decapitar y comer humanos jóvenes**

En la aldea de Auvers, en la región del Alto Loira, justo al lado de la iglesia, hay una escultura que muestra a la valiente Marie-Jeanne Valet, una chica de la región que logró sobrevivir enfrentándose a la bestia de Gévaudan solamente con su lanza. ¡Si puedes, ve a verla!

Desde el siglo XVIII se intenta capturar a esta criatura asesina sin ningún resultado.

Hay escritos en los que se dice que sí, que finalmente llegaron a encontrarla y abatirla, pero no te fíes, mejor que no andes solo por los bosques franceses.

CAMAZOTZ.
Pequeño pero matón

Esta criatura de nombre casi impronunciable es un dios. Un dios de la cultura maya y azteca que tiene forma de murciélago y del que se tiene constancia en países como México, Guatemala y Brasil. Como buen dios, tiene un montón de poderes. ¿Cuáles? Puede crear vida, quitarla, volar, desaparecer como por arte de magia y curar cualquier tipo de enfermedad. No está mal, ¿verdad? Lástima que no te puedas fiar mucho de este ser nocturno y alado, de nariz puntiaguda y afilados dientes, porque, al igual que los vampiros gigantes que viven en esas zonas, Camazotz se alimenta exclusivamente de sangre. Y ten mucho cuidado con no ofenderlo, ya que cuando se enfada le da por decapitar a la gente.

Si algún día tienes la oportunidad de visitar el Museo de Copán, en Honduras, podrás ver algunas representaciones de Camazotz. ¡Hay varias que tienen más de dos mil años!

Se dice que existe un héroe de cómics que está inspirado directamente en esta criatura maya. ¿Adivinas cuál? Exacto: Batman, el hombre murciélago.

FICHA

- Hábitat: **cuevas de México, Guatemala y Brasil**
- Tamaño: **no llega a los 20 cm**
- Otras especies: **vampiros, Popobawa africano**
- Alimentación: **sangre humana y animal**
- Sobrenombres: **Camazot, Dios Murciélago, Tzootz, Tzinagan**
- Actividad principal: **buscar alimento**

No hay que confundir a Camazotz con los vampiros gigantes llamados Vampyrum spectrum. Camazotz es mucho más pequeño, pero mucho más matón.

Para ver y oír en directo las cavernas donde habitan los murciélagos gigantes solo tienes que viajar a Guatemala. Concretamente a Alta Verapaz cerca de Cobán. No te acerques demasiado, por si acaso.

CENTAURO. Los atletas de los bosques

¿De qué hablamos cuando nos referimos a un centauro?
¿De un humano o de un caballo? Decide tú, porque se trata de
una criatura con la cabeza, los brazos y el torso de un humano,
y el cuerpo y las patas de un caballo. A partir de ahí, sí que
hay varias cosas con las que todo el mundo está de acuerdo.
La primera es que, a pesar de no tener ningún poder en
especial, son unos seres muy poderosos, fuertes y con una gran
habilidad con las hachas, los escudos, el arco, las lanzas o los
garrotes. ¡Son auténticos atletas! La segunda es que, excepto
unos pocos, la mayoría son bastante salvajes, anárquicos y les
gusta vivir sin demasiadas reglas. Eso sí, son muy respetuosos
con la naturaleza y solo cazan lo necesario para vivir.

FICHA

- Hábitat: **bosques del monte Pelión, en Tesalia, Grecia**
- Tamaño: **como un caballo, más la altura del torso de un humano**
- Otras especies: **única**
- Alimentación: **herbívoro**
- Sobrenombres: **caballo humanoide**
- Actividad principal: **luchar y cuidar de la naturaleza**

Los centauros suelen reunirse en grandes praderas o en los claros del bosque. Son muy sociables con la mayoría de especies y muy pacíficos, excepto cuando se juntan con los sátiros, unas criaturas bastante famosas por sus fiestas.

En la actualidad, solo existen centauros en algunos bosques griegos, donde vigilan y controlan que la naturaleza continúe estando en equilibrio; una misión cada vez más complicada...

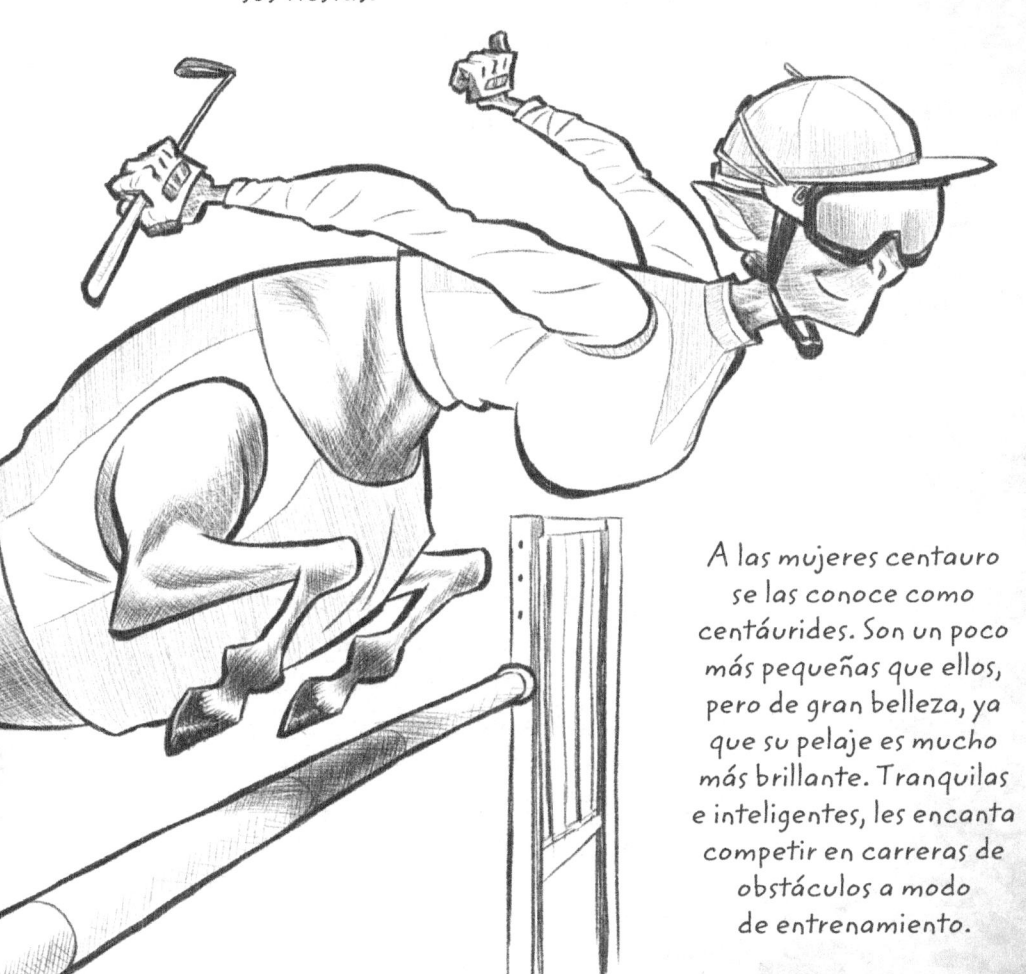

A las mujeres centauro se las conoce como centáurides. Son un poco más pequeñas que ellos, pero de gran belleza, ya que su pelaje es mucho más brillante. Tranquilas e inteligentes, les encanta competir en carreras de obstáculos a modo de entrenamiento.

CERBERO. El monstruo con más cabeza

Si tu animal de compañía preferido es el perro, estás de suerte. ¿Por qué? Porque este pedazo de monstruo es un perro que no tiene una cabeza, ni dos, sino TRES pegadas al cuerpo. ¿Te lo imaginas? Puedes acariciarle una cabeza mientras le das de comer a la segunda y le ofreces su juguete preferido a la tercera. El problema viene cuando le tiras una pelota y cada cabeza decide correr hacia un lado. Con sus más de cinco metros de altura, es aconsejable jugar con él fuera de casa; si no, desastre asegurado. En la antigua Grecia, el Cerbero, o Can Cerbero, controlaba que nadie entrase ni saliese del mundo de los difuntos. Para asegurarse de ello, en la punta de la cola tenía una cabeza de serpiente que, con su aliento y saliva, podía convertir a cualquiera en una estatua de piedra.

FICHA

- Hábitat: **entrada del inframundo**
- Tamaño: **6 m de largo y 3 m de alto; crece con el paso del tiempo**
- Otras especies: **única**
- Alimentación: **carnívoro**
- Sobrenombres: **Can Cerbero, guardián del inframundo**
- Actividad principal: **controlar que nadie entre ni salga del mundo de los muertos**

Su fuerza y resistencia no se deben solo a sus tres cabezas, a sus colmillos o a su baba llena de bacterias, sino que posee también tres corazones y tres pares de pulmones.

Se cuenta que solo unos pocos héroes han conseguido escapar de la férrea vigilancia de este monstruo: Orfeo consiguió dormirlo con música; Eneas y Psique lo calmaron con tortas de miel; Hermes lo durmió con agua y Hércules lo asustó gracias a su fuerza y fiereza.

Si alguna vez te encuentras con Cerbero y no está de muy buen humor, no te preocupes. Háblale dulcemente o cántale una canción y se volverá más manso que el más dulce, suave y cariñoso osito de peluche.

CHUPACABRAS.
El mosquito con forma de perro

Hay quien chupa helados. También hay quien chupa pastillas para la tos. Hasta los hay que chupan chupachups. Pues el famoso y temido monstruo chupacabras chupa eso, cabras. ¿Para qué? Para extraerles toda la sangre del cuerpo. Esta criatura pertenece a las especies hematófagas, o sea, aquellas que se alimentan exclusivamente de sangre. Sí, como los mosquitos esos que te hacen la vida imposible en verano. Se podría decir que el chupacabras es una especie de vampiro nocturno, pero físicamente no se parece en nada a él. Este misterioso monstruo viene a ser como un perro grande y de aspecto muy desagradable, como si tuviera la sarna o estuviera muy enfermo. ¿Y cómo se sabe si es un chupacabras o si es un perro que está enfermo? Nadie conoce la respuesta. Tú, aunque no seas una cabra, no te acerques, ¿de acuerdo?

Se tiene constancia de la presencia de chupacabras por todo el mundo y bajo diferentes nombres, pero donde hay más pruebas y más testigos de su presencia es en territorio americano, desde Canadá hasta Argentina, pasando por Estados Unidos, México, Perú, Venezuela o Paraguay.

Hay otras versiones que dicen que el chupacabras podría tratarse de un ser extraterrestre o una especie de reptil, pero las huellas encontradas y los testigos se acercan más a la teoría del perro.

FICHA

- Hábitat: **bosques de todo el mundo**
- Tamaño: **perro grande**
- Otras especies: **animales vampiros**
- Alimentación: **sangre**
- Sobrenombres: **Grunches, Sigbin**
- Actividad principal: **buscar presas para alimentarse**

Identificar a una víctima de chupacabras es fácil.
El cuerpo del animal aparecerá solo con la piel y los huesos,
seco, como si le hubieran exprimido todos los líquidos.
Además, en el cuello, como en el caso de los vampiros,
tendrá un par de marcas de dientes.

DEMONIO DE DOVER.
El pescador que no se deja pescar

Tres veces. Esta inquietante criatura ha sido vista solo tres veces en Dover, justo al lado de la ciudad norteamericana de Boston. Imagínate una especie de niño delgadísimo, con una cabeza redonda parecida a un pez, de piel gris y sin pelo, sin nariz y con unos ojos enormes y brillantes sin pestañas. Poca cosa más se sabe de este misterioso ser, excepto que debe alimentarse de peces y que seguro que es un gran pescador, porque siempre que se le ha visto ha sido cerca de algún río. También coincide todo el mundo en que da mucho miedo, que tiene hábitos nocturnos y que no se parece a ninguna bestia conocida. La teoría más extendida apunta a que se trata de un ser proveniente de otro planeta que vaga por el mundo esperando, paciente como un pescador, a que alguien o algo vuelva para buscarlo.

A pesar de su diabólico nombre, no se tiene ninguna constancia de que el Demonio de Dover sea agresivo ni haya atacado a nadie. En las tres ocasiones en las que ha sido visto, lo único que ha hecho es huir corriendo.

FICHA

- Hábitat: **Dover (Estados Unidos)**
- Tamaño: **50 cm**
- Otras especies: **Mannegishi canadiense, Backoo africano**
- Alimentación: **desconocida**
- Sobrenombres: **alienígena de Dover**
- Actividad principal: **desconocida**

Si algún día te lo encuentras, no estaría de más intentar comunicarte con él. ¿Quién sabe? A lo mejor puedes ayudarlo a pescar o a regresar a su planeta, si es que realmente es un extraterrestre.

Las descripciones que ofrecen de él los testigos son tremendamente parecidas. Solo varía el color de los ojos. Unos dicen que son naranjas y otros, verdes.

EMELA-NTOUKA.
El terror de los pigmeos

Otro ejemplo de cruce de especies. Imagínate a un rinoceronte del tamaño de un elefante que se comporta en el agua como un hipopótamo y que tiene una cola parecida a la de los cocodrilos. O mejor, busca información sobre los dinosaurios y fíjate en el Triceratops prehistórico. Así es como la tribu de los pigmeos describe al temido Emela-Ntouka, también conocido como «matador de elefantes», que vive en el Congo y en Camerún, en plena África central. Pero no solo mata elefantes, sino que se carga cualquier cosa que se cruce en su camino, humanos incluidos. ¡Es bastante animal, el muy animal!

El cuerno de marfil que tiene en la frente puede llegar a medir hasta un metro de largo. ¡Imagínatelo! Junto a la cola de más de cinco metros y su poderosa fuerza bruta, pocos son los animales o las personas que se atreven a enfrentarse a él.

FICHA

- Hábitat: **regiones del Congo y Camerún**
- Tamaño: **como un elefante**
- Otras especies: **Kasai rex, Mokèle-mbèmbé**
- Alimentación: **carnívoro**
- Sobrenombres: **matador de elefantes**
- Actividad principal: **comer**

A diferencia de los Triceratops, que eran herbívoros, este monstruo es carnívoro y se zampa cualquier animal que encuentre. Su mandíbula está provista de grandes dientes triangulares capaces de triturarlo todo.

Los primeros avistamientos de estas criaturas se produjeron hacia 1950, pero los pigmeos afirman que han vivido en su región desde la prehistoria.

Los pigmeos son unas tribus que viven en la región del Congo y que se caracterizan por tener una estatura muy baja (la estatura media de los hombres, por ejemplo, es de un metro y medio).

GATOS FANTASMA.
Buuuuuuhhhhh, o sea miaaaaaaauuuu

Como es bien sabido, los gatos, aparte de tener siete vidas, están muy conectados con el mundo del más allá. No es casualidad que todas las brujas tengan siempre un gato cerca, ¿no crees? ¿Cuántas veces has creído ver un gato o la sombra de un gato andando por la calle o en tu propia casa? Más de una, de dos y de tres, ¿verdad? No te preocupes lo más mínimo. La presencia de un gato, ya sea vivo o ya sea un fantasma, solo puede traer beneficios. El gato vivo te protegerá de los malos espíritus y de las malas vibraciones. El gato fantasma también. Lo único que quiere es hacerte compañía, que lo acojas en tu vida y que le des cariño. Si ha vuelto del mundo de los espíritus es porque tiene alguna cuenta pendiente o porque ha sentido que tú lo necesitabas.

Existen varios indicios con los que puedes saber si tienes un gato fantasma cerca. ¿Te sientes observado y no hay nadie a la vista? ¿Oyes sonidos extraños o maullidos? ¿Has notado a un gato rondar por encima de tu cama mientras dormías? ¿Has notado la presencia de olores que no sabes explicar?

- Hábitat: **cualquiera**
- Tamaño: **variable**
- Otras especies: **Pogeyan, bestia de Fiona, pantera fantasma**
- Alimentación: **ninguna**
- Sobrenombres: **gatos espíritu, gatos protectores**
- Actividad principal: **proteger**

Los gatos fantasma acostumbran a tener el físico de un gato normal, pero hay casos en los que estas presencias adoptan la forma de felinos mucho más grandes, como las panteras, los tigres, los pumas o los jaguares.

Lo más característico de los gatos fantasma es que aparecen en lugares donde no tendrían que estar. Se los ha llegado a ver en el ala de un avión en pleno vuelo, dentro de un frigorífico y hasta en alta mar, andando sobre el agua como si nada.

HOGZILLA. ¡Vaya cerdo!

Este monstruo es una mezcla entre diferentes animales.
Hogzilla está a medio camino entre el cerdo y el jabalí, pero no
es ni una cosa ni la otra; básicamente porque todo en él es mucho
más grande: la cabeza, el cuerpo, las patas y, sobre todo, los
colmillos. Esta bestia, al pesar tanto, no es que sea ni muy rápida
ni muy hábil, pero cuando consigue atrapar a un animal, ya no
lo deja escapar. Por eso, no va por ahí cazando a ver qué cae,
sino que prefiere asegurarse la cena entrando de noche en zonas
ganaderas o en cercados donde las presas no pueden escapar.

Un hogzilla fue capturado hace unos
años por un hombre llamado Chris
Griffin en Georgia del Sur, en Estados
Unidos. El ejemplar medía casi tres
metros y pesaba cuatrocientos kilos.

En algunas zonas de Asia
existen ejemplares vivos
que casi llegan a los cuatro
metros de largo y pesan
hasta cien kilos. Son tan
grandes que más vale que
nunca te pise uno. ¡Verías
hasta las estrellas más
lejanas!

FICHA

- Hábitat: **bosques de América y de Asia**
- Tamaño: **hasta 4 m**
- Otras especies: **cerdo, jabalí**
- Alimentación: **animales fáciles
  de capturar**
- Sobrenombres: **Monster Pig, puercozilla,
  jabalizilla**
- Actividad principal: **buscar comida**

El nombre de este monstruo es la mezcla de dos palabras: *hog*, que en inglés significa 'jabalí', y *zilla*, en referencia al monstruo Godzilla, esa enorme criatura prehistórica japonesa que todo lo destruye.

LA COSA.
Un E. T. bastante menos simpático

Lo primero que te viene a la cabeza cuando te hablan de una criatura que se llama «La Cosa» es que a alguien le ha faltado un poco de imaginación o que le ha sobrado pereza a la hora de buscarle un nombre. Lo segundo, cuando ya sabes de qué tipo de monstruo se trata, es que en verdad sería muy difícil encontrarle otro nombre. ¿Por qué? ¿Qué es exactamente La Cosa? Pues una mortífera criaturita venida de otro planeta, sí, pero también es mucho más. De hecho, es lo que ella quiera ser porque puede entrar en cualquier cuerpo y dominarlo mentalmente. Es decir, exteriormente ese ser vivo seguirá siendo como era antes, pero quien mandará en él será La Cosa esa venida de quién sabe qué planeta. ¿Y puede meterse dentro de un caracol? Pues sí. ¿Y de un perro? Pues también. Y de una persona y de un caballo y de cualquier otro ser vivo.

FICHA

- Hábitat: **zonas heladas del Ártico y Antártico**
- Tamaño: **variable según el huésped**
- Otras especies: **única, que se sepa**
- Alimentación: **carne**
- Sobrenombres: **no tiene**
- Actividad principal: **pasar de ser vivo en ser vivo**

La Cosa, de momento, solo ha sido vista y sufrida en zonas extremadamente frías, como la Antártida o el Polo Norte. Aunque no hay documentos que lo confirmen porque es alto secreto, se dice que es allí donde se estrelló su nave. ¡O esto, o no le gusta nada la playa!

Solo hay un sistema para descubrir si La Cosa se ha metido dentro del cuerpo de tu mejor amigo o de un familiar. Por alguna parte de su cuerpo sobresaldrán una especie de filamentos nada, pero nada humanos. Si los ves, ¡¡corre!!

Lo peor de La Cosa no es que se meta dentro de un ser vivo para utilizar su cuerpo. Lo peor es que no dura mucho dentro de él, porque se lo va comiendo, y al cabo de poco necesita ir a otro cuerpo.

Existe un superhéroe de Marvel a quien también llaman La Cosa, pero no tiene nada que ver con este monstruo. Te suena, ¿verdad? Se trata de Ben Grimm, aquella mole de piedra con una fuerza sobrehumana que forma parte de Los 4 Fantásticos.

MAPINGUARÍ. Quien tiene boca se equivoca. Quien tiene dos se equivoca más

Mapinguarí podría traducirse como 'animal rugiente' o 'bestia fétida'. En realidad, es una mezcla de humano y una especie de perezoso gigante. Si a ello le sumamos que, a pesar de ser muy lento, es feroz y peligroso, que tiene la piel más dura que la de un cocodrilo, que tiene un solo ojo, que tiene una segunda boca llena de dientes en el abdomen y que puede andar sobre dos patas, estaremos recreando la imagen de una criatura que seguramente más vale que no se nos acerque. Pero si es tan lento no hay de qué preocuparse, ¿no? Pues precisamente gracias a su lentitud se puede mover sin hacer el más mínimo ruido, y, por eso, antes de que te des cuenta ya lo tienes encima. ¿Y qué tienes encima? Un bicharraco enorme del tamaño de un oso grande, de pelaje rojizo, con dos bocazas llenas de dientes, de garras larguísimas y con las facciones de un ser humano. Por suerte, tiene dos puntos débiles: el agua y la boca que tiene en la barriga.

Los criptozoólogos, o sea, los expertos en criaturas fantásticas y mitológicas, afirman que Mapinguarí es descendiente del Megatherium, un animal bastante parecido al perezoso que desapareció de la Tierra hace unos nueve mil años.

Uno de sus puntos débiles es el agua. No la soporta. Si quieres huir de él, busca un río, un lago o lánzale lo que te quede en la cantimplora, y podrás huir con facilidad.

FICHA

- Hábitat: **Amazonas**
- Tamaño: **hasta 2 m**
- Otras especies: **única**
- Alimentación: **carnívoro**
- Sobrenombres: **Curupira, Isnashi**
- Actividad principal: **buscar alimento y mantenerse alejado del agua**

Otro de sus puntos débiles es la segunda boca llena de dientes que tiene en medio de la barriga. Huele tan pero tan mal que podrás descubrir su horrendo hedor a mucha distancia.

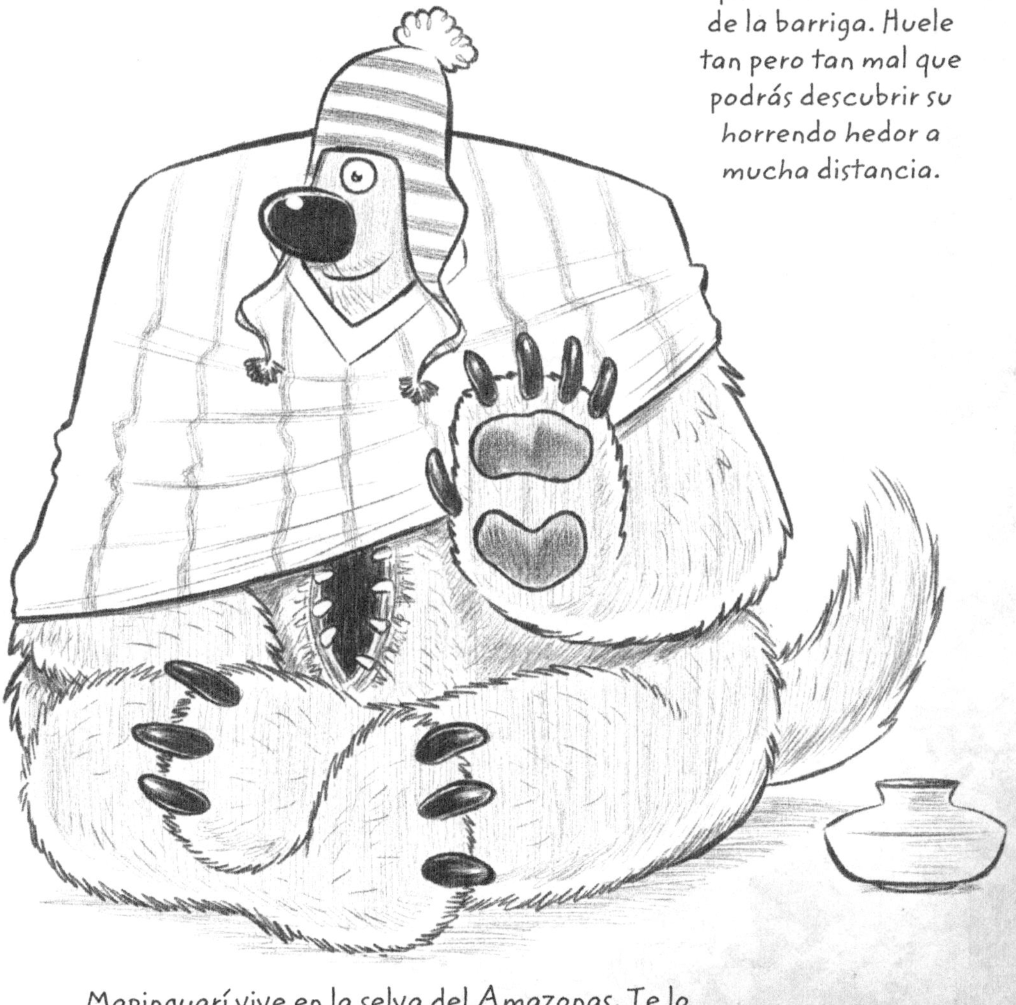

Mapinguarí vive en la selva del Amazonas. Te lo puedes encontrar tanto en Brasil como en Bolivia, Colombia o Perú.

MINOTAURO. Se orienta mejor que el navegador de un coche

¿Has estado alguna vez dentro de un laberinto?
Si tu respuesta es sí, seguro que has notado que alguien te observaba, ¿verdad? Pues que sepas que has tenido mucha mucha suerte de salir con vida, ya que en los laberintos es donde habita el temible minotauro: una criatura con cuerpo de humano y cabeza y cola de toro, superfuerte y musculoso. Evidentemente, es el monstruo con más sentido de la orientación del universo. Por muy complicado que sea un laberinto, siempre sabrá hacia dónde ir y cómo encontrar la salida. Lo más desagradable del minotauro es que tiene la mala costumbre de alimentarse de carne humana. Nadie es perfecto, ¿no?

FICHA

- Hábitat: **laberintos**
- Tamaño: **desde 2 m**
- Otras especies: **única**
- Alimentación: **carne humana**
- Sobrenombres: **el vigilante del laberinto**
- Actividad principal: **en la actualidad, procurar que las personas no se pierdan en los grandes edificios**

La palabra minotauro significa 'el toro de Minos', y Minos era un rey de la Grecia antigua.

Los minotauros suelen vivir unos doscientos años y se alimentan de personas, pero solo los que viven en los laberintos. Los demás minotauros, como muchos otros monstruos, se han adaptado a la época contemporánea y se dedican a lo que mejor saben hacer: guardias de seguridad en grandes edificios y centros comerciales. Son ideales cuando los clientes se pierden y no encuentran la salida.

Si te encuentras en un laberinto y te persigue un minotauro, la mejor manera de huir de él es hacer como Teseo, el gran héroe griego que ató un hilo en la entrada del laberinto y fue deshaciendo el ovillo a medida que avanzaba. Así sabría seguro cómo salir de allí.

MUTANTE. Te vas a llevar una sorpresa, porque...

... tú eres mutante. Tus padres son mutantes. Y tus tíos. Y tus vecinos. Hasta tu mascota es un mutante. Vale, todavía no puedes disparar telas de araña, ni lanzar rayos con los ojos, ni leer la mente de los demás, ni convertirte en una gigantesca y monstruosa mole de piedra, pero te guste o no te guste eres mutante y está comprobado científicamente. Por definición, un mutante es cualquier ser vivo que, ya sea por causas naturales o por algún elemento externo, ha cambiado su genética y muestra algún tipo de diferencia o evolución respecto a los de su misma especie. Pues que sepas que cada vez que nace una generación se producen mutaciones respecto a la generación anterior. A un ritmo lentísimo, es verdad, pero constante e imparable. O sea que no pierdas la esperanza. A lo mejor tus ta-ta-ta-ta-ta-ta-ta-ta-ta-taranietos podrán volar, correr a la velocidad de la luz o viajar en el espacio-tiempo. ¿Te imaginas?

FICHA

- Hábitat: **cualquiera**
- Tamaño: **variable**
- Otras especies: **tantas como especies existen**
- Alimentación: **de todo**
- Sobrenombres: **evolucionado**
- Actividad principal: **intentan llevar una vida normal y pasar desapercibidos**

Seguro que conoces a los X-Men, los mutantes más famosos de la ficción. Pero hay muchísimos más, como las Tortugas Ninja, Los 4 Fantásticos, El increíble hombre menguante, La Hormiga Atómica, etcétera, etcétera.

Las mutaciones en los seres vivos son totalmente impredecibles. Depende de qué parte de su ADN se vea afectada. Hay especies que van más rápidas que la mayoría de los seres humanos y son capaces de volverse invisibles, tener una fuerza sobrenatural, ser inmortales, o, como el mutante de la ilustración, tener unas extremidades más evolucionadas que otras.

De hecho, algún tipo de zombis, sobre todo los que se han infectado con algún virus, también son mutantes, ya que su cuerpo ha evolucionado hasta un estado diferente. Evolución chunga, sí, pero evolución, al fin y al cabo.

NAGA. No siempre la música amansa a las fieras

La naga es una especie de reptil que puede adoptar diferentes formas. A menudo aparece con cuerpo de serpiente y torso de mujer, para parecerse a una ninfa, pero no es tan agradable y hermosa como ellas. Más bien al contrario. Este monstruo habita en las regiones de la India y Pakistán, pero también ha sido vista a lo largo del río Mekong, que atraviesa el Tíbet, China, Birmania, Tailandia, Laos, Camboya y Vietnam. Se trata de una gran serpiente cubierta de escamas de color esmeralda y unos ojos muy brillantes. Suelen habitar en climas cálidos, y son extremadamente listas y pacientes. Para cazar, se pueden tirar horas vigilando a su presa desde un árbol o hacerse pasar por una inofensiva repartidora de pizzas. Y cuando tienen cerca a su presa atacan con su magia primero y con su mordedura venenosa después. En el río son extremadamente veloces y se encuentran como pez en el agua. Bueno, como serpiente en el agua, en este caso.

FICHA

- Hábitat: **Bhoga Vatï, en el lago Mana Sarovara o a lo largo del río Mekong**
- Tamaño: **3-6 m**
- Otras especies: **Ananta Shesha, Balarama, Kaliya, Karkotaka, Padmavati, Taksaka**
- Alimentación: **carnívora**
- Sobrenombres: **mujer serpiente, Neak, Naguini**
- Actividad principal: **alimentarse y proteger su territorio**

Aunque parezca raro, les gusta la música. Concretamente, les encanta tocar la misma flauta que utilizan los encantadores de serpientes.

Las nagas suelen tener sus guaridas en grutas o en ciudades de piedra en ruinas, muy habituales en las regiones del continente asiático donde se han avistado.

Existen varios tipos de naga: la naga acuática, la naga guardiana de color dorado y la naga espíritu, de color negro y rojo.

POPOBAWA. ¡Cuánto daño han hecho las redes sociales!

A simple vista, Popobawa podría confundirse con Camazotz, pero no tienen nada que ver. Popobawa es africano y tiene forma de murciélago, pero no siempre, ya que puede adoptar la forma que le venga en gana y hasta puede convertirse en humano cuando lo considera necesario. Cuando va de murciélago, no es mucho más grande que el animal que todos conocemos: con sus alas, sus orejas puntiagudas y, eso sí, un solo ojo en medio de la frente. ¿Y a qué se dedica este monstruo en su tiempo libre? Pues, como cualquier *youtuber* o *instagramer* de la actualidad, busca la fama y la popularidad. Para conseguirlo, se dedica a entrar en las casas de la gente a romper cosas, a aterrorizarlos y hasta a maltratarlos físicamente. ¿Para qué? No para que le den 'clics' o 'me gusta' a sus páginas de internet, sino para que le expliquen a cuanta más gente mejor lo que les ha hecho.

Según algunos testigos, justo antes del ataque de un Popobawa se puede oler un aire fétido y desagradable. Lo malo es que no hay escapatoria posible. Esta horrenda criatura puede paralizarte con el poder de su único ojo.

Como se puede ver en la ilustración, Popobawa está siempre atento a lo que dicen o no dicen de él. Tiene un oído finísimo y si alguien que ha recibido su visita no les cuenta a sus vecinos lo que ha hecho, los visita de nuevo y se vuelve todavía más violento.

FICHA

- Hábitat: **región de Pemba (Tanzania), Zanzíbar y oeste de África**
- Tamaño: **variable**
- Otras especies: **íncubos y demonios**
- Alimentación: **desconocida**
- Sobrenombres: **Popo Bawa, diablo nocturno**
- Actividad principal: **aterrorizar y maltratar a la gente para buscar la fama**

Popobawa, en idioma suajili, significa 'alas de murciélago', ya que es la forma con la que se siente más cómodo y el método más rápido que tiene para trasladarse de un sitio a otro.

Cuando necesita huir con rapidez, también es capaz de convertirse en humo.

SABUESO DE TÍNDALOS.
¡Ni mascota, ni mascoto!

¡Ni peros, ni peras! ¿Alguna vez tus padres te han soltado esto cuando se han enfadado contigo? Pues lo mismo pasará cuando les pidas un sabueso de Tíndalos como mascota: ¡ni mascota, ni mascoto! Y con razón, claro. Vale que puede adoptar diferentes formas. Vale que si te encuentras uno tan intelectual como el de la ilustración te lo querrás llevar a casa y hasta comprarle algún libro. Pero ¡ojo! Bajo esa apariencia tranquila, aunque raquítica, se esconde un verdadero monstruo de naturaleza maligna que solo busca la destrucción, el caos y la desaparición de todas las cosas buenas que existen en el mundo. Esta criaturita existe desde mucho antes de que existiera vida en la Tierra. Afortunadamente, nos abandonó hace millones de años y se fue a vivir a otra dimensión, a otra época y a otro planeta.

Hay muy pocas posibilidades de encontrarte con una de estas horrendas criaturas, ya que solo es posible verlos si has consumido una sustancia llamada liao. Si lo haces, te seguirán hasta encontrarte.

FICHA

- Hábitat: **universo paralelo**
- Tamaño: **también puede aparecer como murciélago gigante**
- Otras especies: : **perro espíritu**
- Alimentación: **desconocida**
- Sobrenombres: **perro de Tíndalos, Devil Hound**
- Actividad principal: **perseguir, matar, devorar**

Los sabuesos de Tíndalos son inmortales e indestructibles, y si te cogen manía te perseguirán durante toda la vida, en cualquier lugar y en cualquier momento, ya que tienen el poder de trasladarse a través del espacio y del tiempo.

Antes de aparecer, verás una neblina que surge de la esquina de tu habitación y, a continuación, su cabeza, seguida del resto del cuerpo. Si esto llega a ocurrir, ya no hay escapatoria.

La primera mención a los sabuesos de Tíndalos aparece en un relato del escritor Frank Belknap Long, en 1929. Es otra de las criaturas del universo de los mitos de Cthulhu creados por el gran H. P. Lovecraft.

SÁTIRO.
El rey de las fiestas

Fiesta, fiesta, fiesta y más fiesta. Estas criaturas siempre están de fiesta y siempre acaban convenciendo a otras especies como los centauros o las ninfas para que se unan a ellos. Existen desde la antigua mitología griega y todos tienen las mismas características: de cintura para arriba son humanos y de cintura para abajo, carneros. Además, tienen orejas puntiagudas, cuernos en la cabeza, abundante cabellera, pezuñas y cola de cabra. Como buenos amantes de las juergas, los sátiros son muy aficionados a la música: muy a menudo es frecuente verlos tocar castañuelas, gaitas, flautas o címbalos. Si alguna vez te los encuentras, es mejor que pases de largo. Se sabe cuándo se entra en una de sus fiestas, pero nunca cuándo se sale.

Cuando se habla de obras satíricas, o sea, de obras cómicas que sirven para burlarse de los demás, es porque los sátiros también son expertos en este tipo de representaciones. ¡Que son unos juerguistas totales, vaya!

FICHA

- Hábitat: **bosques**
- Tamaño: **hasta 3 m**
- Otras especies: **kallikantzaros**
- Alimentación: **omnívoro**
- Sobrenombres: **hombre cabra, demonio peludo de la montaña**
- Actividad principal: **organizar fiestas**

Los sátiros son criaturas alegres y pícaras, aunque a veces, por culpa de su carácter y sus aficiones, se puedan volver peligrosos y violentos.

No hay que confundir a los sátiros con los faunos. Los sátiros son de color marrón, pueden medir hasta tres metros y tienen medio cuerpo de carnero. Los faunos, en cambio, tienen medio cuerpo de ciervo y son mucho más educados, guapos, elegantes y refinados.

En la actualidad, aparte de poder encontrártelos por el bosque, que es donde acostumbran a vivir, a lo mejor puedes verlos organizando grandes eventos como las verbenas del solsticio de verano o las fiestas de fin de año.

TATZELWURM.
¿Lagartija, serpiente o las dos cosas? Difícil elección

En los Alpes austríacos, suizos y alemanes no se ponen de acuerdo. Unos dicen que el tatzelwurm es una serpiente con patas. Otros, que se trata de una lagartija larga. Y otros que se trata de un pequeño dragón. Sea como sea, está claro que es una bestia que puede medir hasta un metro y medio de longitud y que, a pesar de su apariencia relajada y tranquila, puede saltar alturas considerables cuando menos te lo esperas. Sin embargo, esto no suele ocurrir, a no ser que los molestes, claro. Normalmente viven cerca de granjas de animales, de iglesias y de cementerios, ya que una de sus comidas favoritas son los cadáveres, tanto de humanos como de animales; es decir, que son necrófagos. ¡Puaj! Por si acaso te topas con uno, no lo molestes. Si tiene hambre, nunca se sabe lo que puede pasar...

Se cree que los tatzelwurm son un eslabón perdido de la evolución. Es decir, un animal que no corresponde ni a una especie ni a otra, sino que mantiene las habilidades y las características de varias, ya que tanto puede vivir en el agua, como fuera de ella.

Otras muchas fuentes y testimonios aseguran que el tatzelwurm tiene la cabeza de un felino y que solo ha desarrollado sus patas delanteras, donde dispone de afiladísimas garras.

- Hábitat: **Alpes (Suiza, Austria y Alemania)**
- Tamaño: **hasta 1,5 m**
- Otras especies: **Lindorm noruego, Ormr vikingo**
- Alimentación: **cadáveres humanos y animales**
- Sobrenombres: **Stollenwurm, Bergsutzen, Daazelwurm**
- Actividad principal: **comer**

Aunque la mayoría de los avistamientos se han producido en el centro de Europa, también ha habido casos más al sur, concretamente en la isla italiana de Sicilia. Ya se hablaba de ellos en el siglo xv.

TIGRE DE ENNEDI.
Me pareció ver un lindo monstruito

Se trata de un superviviente, otro, de la época prehistórica. Una bestia temible, otra más, que habita en territorio africano, concretamente en el Chad. Se parece al tigre de Bengala, que todo el mundo conoce, pero es mucho más sanguinario y feroz. Existen dos especies de tigres de Ennedi: los de montaña, los llamados Hadejel, Gassingram o Vossoko, y los de agua, conocidos como Mourou N'gou, Mamaimé o Dilali. En ambos casos son más grandes que un león, con pelaje abundante y con dos largos dientes de sable en la boca. Son nocturnos, carnívoros y peligrosísimos. Nadie sabe cómo han podido sobrevivir hasta nuestros días. A lo mejor tú lo podrías investigar.

FICHA

- Hábitat: **meseta y cordillera de Ennedi (Chad)**
- Tamaño: **más grande que un león**
- Otras especies: **de montaña y de agua**
- Alimentación: **carnívoro**
- Sobrenombres: **felino de Ennedi, diente de sable**
- Actividad principal: **cazar de noche**

El tigre de Ennedi es descendiente del famoso Machairodus que vivió en todos los continentes durante el Mioceno y el Pleistoceno, hace más de once millones de años. Actualmente, solo lo verás en África.

Otra de las características principales del tigre de Ennedi de montaña es que apenas tiene cola, acostumbra a ser rojizo con manchas y sus patas son más peludas que el resto del cuerpo. La especie de agua sí que tiene cola. ¡Y muy larga!

Nadie se ha atrevido nunca a huir de un tigre de Ennedi, pero tal vez una buena manera de hacerlo es lanzándole un ovillo de lana para tener tiempo de escapar como huirías también de cualquier otro felino grande o pequeño. ¿Conoces a algún gato que se resista a esto?

MONSTRUOS

VOLADORES Y PLANEADORES Y ALADOS Y AÉREOS

¡A VOLAAAAAAR!

AVE ELEFANTE.
Ni vuela, ni tiene trompa

El ave elefante es un monstruo gigantesco al que solo se lo ha visto en un lugar del planeta, concretamente en la isla africana de Madagascar, en el océano Índico. Bueno, ver, lo que se dice ver tampoco, porque hace unos trescientos años que no se ha divisado ninguno. Por los huesos encontrados se sabe que pudo llegar a medir hasta cuatro metros y pesar quinientos kilos. Para ser un pájaro no está mal, ¿verdad?

El ave elefante vendría a ser como un avestruz, pero a lo bestia. No volaba, pero con esas enormes patas podía correr más que cualquier atleta olímpico. Si alguna vez visitas Madagascar y por casualidad ves alguno, apártate. No porque te pueda comer, puesto que es herbívoro, sino para evitar que te atropelle durante una de sus locas carreras.

FICHA

- Hábitat: **isla de Madagascar**
- Tamaño: **4 m de altura**
- Otras especies: **Aepyornis, Mullerornis, Vorombe**
- Alimentación: **herbívoro**
- Sobrenombres: **Vorombe Titán, Megave**
- Actividad principal: **comer, defecar y dormir**

Los últimos estudios afirman que el ave elefante no tenía muy buena vista y que era básicamente un ave nocturna. O sea, que salían a comer y a hacer todo lo que suelen hacer las aves elefante cuando salen a dar un paseo por la noche.

Los huevos que ponen estas bestias pueden llegar hasta los treinta centímetros de diámetro y pueden pesar hasta doce kilos, lo cual equivaldría a unos veinte huevos de gallina. ¿Te imaginas una tortilla con uno de esos huevos?

El nombre científico del ave elefante es Aepyornis, que significa 'pájaro alto'.

ARPÍA. ¿Monstruo o insulto?

Ni se te ocurra llamarle a nadie arpía. Según el diccionario, significa 'persona codiciosa que con malas artes acaba consiguiendo lo que quiere'. Es más, en griego, el significado de arpía es 'que vuela y saquea'. Lo tiene todo, ¿verdad? Pues su aspecto tampoco se queda corto. ¿Preparados?

Alas de buitre, cuerpo y rostro inexpresivo y afiladísimas garras. Si a todo esto le sumamos que son vengativas, crueles, sucias como una bayeta del váter usada mil veces, que contagian enfermedades y que se pasan el día robando o atacando, ya podremos hacernos una idea de lo majas que son.

FICHA

- Hábitat: **cuevas en acantilados**
- Tamaño: **2 m de altura**
- Otras especies: **la mantícora es su prima lejana**
- Alimentación: **todo lo que puedan robar**
- Sobrenombres: **Aelo, Ocípete, Celeno, Podarge**
- Actividad principal: **ensuciar, mentir, pelearse y robar**

Las arpías se comunican entre ellas a base de gritos y chillidos muy desagradables, pero también son capaces de cantar como un lindo ruiseñor para engañar a sus presas y atraerlas hacia ellas.

Siempre atacan en grupo y a veces se alían con los humanos para guerrear contra otros humanos, a cambio de algo, claro. De hecho, las arpías cuando están solas son bastante cobardes.

Sus madrigueras están llenas de tesoros y de suciedad. Huelen tan asquerosamente mal que ningún ser humano o animal se atreve a acercarse a ellas.

ASUANG. Te lo quita todo, todo y todo

Puede ser tu vecina Julia, tu maestra María, la dependienta de la panadería o hasta tu tía Carmen. Un asuang vive entre los humanos y parece una persona normal. Pero no te fíes. Cuando cae la noche, esa vecina, esa dependienta, esa maestra o esa tía es capaz de convertirse en un monstruo con cuerpo de mujer, larguísima lengua puntiaguda, dientes afilados y alas de murciélago. Es entonces cuando tienen una fuerza sobrehumana y sobrevuelan los pueblos y las ciudades en busca de sus víctimas. ¿Para qué? Para encontrar a una mujer que les guste, hacerla desaparecer y convertirse en ella para poder vivir su vida. Qué mal rollo, ¿no? Para nada. Por suerte, hay muchos modos de identificarlas y mantenerlas a raya.

Para descubrir si una mujer es un asuang,
mírale los ojos de cerca. Si tu reflejo sale
al revés, estás ante una de esas criaturas.

FICHA

- Hábitat: **pueblos y ciudades de Filipinas**
- Tamaño: **como una persona normal**
- Otras especies: **asuang vampiro, asuang cánido**
- Alimentación: **omnívora**
- Sobrenombres: **Tik Tik, Wak Wak, Sok Sok**
- Actividad principal: **suplantar a las personas y vivir su vida**

Los asuang tienen una habilidad especial para transformarse en formas largas y delgadas. Por eso, pueden pasar desapercibidos detrás de las plantas de bambú, muy abundantes en el archipiélago de las Filipinas, lugar donde habitan.

Para mantenerlos a raya, al igual que los vampiros, solo has de tener cerca unos cuantos ajos o algún objeto sagrado como los crucifijos o el agua bendita.

¡Ah! Y el sonido de un látigo. No se sabe por qué, pero lo odian.

COMELENGUAS.
No se la saques, por si acaso

El comelenguas es un reptil volador que vive en Centroamérica, concretamente en Honduras. Se trata de una criatura voladora muy grande, que posee una cola larguísima y poderosa con la que apresa a sus víctimas. ¿Y a qué se dedica? Pues a buscar lenguas. Es para alucinar un poco, porque no es como las otras criaturas carnívoras que estamos acostumbrados a ver. Esta se alimenta de carne, sí, pero es tan exclusivo y sibarita que solo se come las lenguas. De ahí viene su nombre, claro. Ni muslo, ni pechuga. Ni lomos, ni alitas. Solo lenguas. Y solo lenguas de animales, preferiblemente del ganado que pasta tranquilamente en las praderas y los campos hondureños.

FICHA

- Hábitat: **zonas campesinas de Nacaome, Honduras**
- Tamaño: **hasta 4 m con las alas extendidas**
- Otras especies: **Pájaro-León, el Picudo, Kongamato**
- Alimentación: **lenguas de animales**
- Sobrenombres: **sacalenguas**
- Actividad principal: **cazar**

Algunos campesinos aseguran que su enorme cola es en realidad una serpiente parecida a la anaconda y que por eso puede paralizar y asfixiar con tanta eficacia a los animales que captura.

Tampoco se sabe muy bien dónde habita. Al estar bastante cerca de la costa, se cree que se esconde en los acantilados del golfo de Fonseca y de la bahía de Lorenzo, en el océano Atlántico.

No hay ninguna explicación conocida de por qué solo se come las lenguas de sus presas. Hay quien defiende que se trata de un ser extraterrestre, pero es tan parecido al pterodáctilo prehistórico que se ha descartado esa idea. ¡A lo mejor es que quiere ser profesor en una academia de lenguas!

DIABLO DE JERSEY.
Un diablillo escurridizo

No te asustes, pero esta criatura, aparte de ser feísima, está directamente relacionada con el diablo. Aunque existen diferentes versiones dependiendo de la región, la forma más habitual con la que te lo puedes encontrar es la que puedes ver en la ilustración: un ser bípedo parecido a un canguro, con brazos cortos y pequeños, cabeza de perro, cara y pezuñas de caballo, alas de murciélago, zarpas, cuernos y una cola en forma de tridente.

Existen varias teorías sobre el origen del Diablo de Jersey. Por un lado, ya era conocido entre las tribus indígenas americanas, con lo cual hay que suponer que su origen se remonta a muchos siglos atrás. Por el otro, la leyenda más extendida cuenta que una mujer con doce hijos, llamada Leeds, juró que, si tenía el hijo número trece, sería el diablo. Y así fue. ¡Eso pasa por hablar! Desde entonces, corría el año 1735, este ser maligno sobrevuela las granjas de ganado atemorizando a sus habitantes con sus gritos espeluznantes.

Existen varios documentos gráficos del Diablo de Jersey, pero, debido a su increíble rapidez y a sus costumbres nocturnas, casi siempre sale desenfocado.

El Diablo de Jersey es tan célebre en Estados Unidos que hasta un equipo de hockey sobre hielo de Nueva Jersey lleva su nombre: los famosos New Jersey Devils.

FICHA

- Hábitat: **montañas y bosques de Norteamérica**
- Tamaño: **2 m**
- Otras especies: **única, pero está emparentado con las gárgolas**
- Alimentación: **vacas, ovejas, cerdos**
- Sobrenombres: **Poupessing, Drake Kill, el diablo**
- Actividad principal: **atacar al ganado**

DRAGÓN. Para todos los gustos, tamaños y colores

Existen tantas especies de dragones que serían necesarias varias enciclopedias para poder describirlos a todos con precisión. Hay dragones benignos y malignos. Hay dragones asiáticos y europeos, africanos e incluso australianos. Hay dragones grandes, menos grandes y enanos, con más de una cabeza, acuáticos, con poderes mágicos, de un solo color, multicolores, avaros, generosos, etcétera. Se trata, sin duda, del animal fantástico preferido de muchísimas personas y el que reúne en una sola bestia adjetivos tales como majestuoso, poderoso, feroz, admirado, idolatrado, venerado o temido.

FICHA

- Hábitat: **lugares apartados; generalmente, cuevas y montañas**
- Tamaño: **variable; 10 cm - 30 m**
- Otras especies: **según el color, según el hábitat o la región**
- Alimentación: **carnívoro**
- Sobrenombres: **serpiente voladora, dios del cielo, el protector...**
- Actividad principal: **dependiendo de la especie, proteger, destruir, acaparar riquezas, aconsejar...**

El dragón es, indiscutiblemente, el monstruo que más veces aparece en películas, series de televisión, libros o videojuegos: desde el *Smaug*, de Tolkien, pasando por los de *Harry Potter*, *Dragonheart*, *Mulan*, *La historia interminable*, de Michael Ende o los de *Cómo entrenar a tu dragón*. Seguro que tú recuerdas muchos más.

ESCAUFEUR. ¡Parece un balón, pero ni se te ocurra chutarlo!

No te dejes engañar por la belleza de este ser fantástico.
El escaufeur no es la típica lucecita conocida como 'fuego fatuo'
que aparece en los lagos y en los bosques. Nada que ver. Es un
ser malvado, de color rojo y del tamaño de un balón de fútbol
que aparece flotando delante de ti cuando paseas por algún
camino cerca del bosque. Se mueve rápido, muy rápido. Avanza.
Retrocede. Vuela un par de metros, se vuelve a acercar y se aleja
a una velocidad que ni la vista del mejor de los superhéroes puede
seguir. ¿Y qué quiere? Hipnotizarte con sus movimientos para
robarte tus recuerdos, tus sentimientos y toda tu memoria. Si
paseas solo por un camino y te lo encuentras, huye. Corre lo más
rápido que puedas hacia la casa más cercana: no puede sobrevivir
en espacios cerrados.

FICHA

- Hábitat: **bosques y caminos del centro de Europa**
- Tamaño: **como un balón de fútbol**
- Otras especies: **no se conocen**
- Alimentación: **recuerdos de humanos y prendas de vestir**
- Sobrenombres: **bola de fuego, Schoeffer Rouge, Lumerelle Maudite**
- Actividad principal: **recorrer caminos rurales solitarios**

Si te lo encuentras, una buena manera de entretenerlo y ganar tiempo para huir es lanzarle algún objeto o alguna de tus prendas de ropa. Un pañuelo, un zapato, un calcetín, una gorra… el escaufeur lo atrapará y no te volverá a perseguir hasta que lo haya hecho añicos.

Los escaufeurs se confunden con los fuegos fatuos, esas lucecitas de color azul, verde o amarillas que flotan cerca de lagos y bosques húmedos a consecuencia del gas metano, o sea, de los gases que se elevan de las plantas y de los animales en descomposición.

Estos pequeños monstruos solo se encuentran en los caminos adyacentes a los bosques del centro de Europa. Se han avistado en Bélgica, el norte de Francia, Holanda y Alemania.

FÉNIX. Sana, sana, culito de rana, si no se cura hoy...

Para la gran mayoría, el ave fénix es el pájaro más sabio y bonito que existe. Parece un águila, pero es muchísimo más grande. Sus plumas son doradas y de color carmesí, pero su característica principal, y por la que todo el mundo lo conoce, es su inmortalidad. Bueno, inmortal, lo que se dice inmortal no es, ya que cada quinientos años muere envuelto en una gran bola de fuego. Ahora bien, inmediatamente después resucita y vuelve a vivir quinientos años más, como si no hubiera pasado nada. Otra de las características de este enorme pájaro es que posee una fuerza sobrenatural, que controla el fuego a voluntad y que sus lágrimas curan cualquier herida. Ojalá hubiera estado allí el día que te caíste de la bici, ¿verdad?

FICHA

- Hábitat: **montañas de Asia**
- Tamaño: **hasta 12 m de envergadura (con las alas desplegadas)**
- Otras especies: **ejemplar único**
- Alimentación: **desconocida**
- Sobrenombres: **Feng Huang, Ho-oo, pájaro de fuego, Benu, Garuda, Yel**
- Actividad principal: **proteger, curar y aconsejar**

El ave fénix está considerado el símbolo de la superación personal, ya que, cuando muere, aunque parece que todo ha acabado, tiene la oportunidad de volver a nacer y empezar de nuevo.

Cuando se aproxima el día de su muerte, construye un nido con especias y hierbas aromáticas, pone un huevo y al tercer día arde. De ese huevo y de esas cenizas surgirá el nuevo fénix.

GÁRGOLA. El Gran Hermano siempre vigilante

Como seguramente ya sabes, en la Edad Media no existía la electricidad. Ya les hubiera gustado a los nobles caballeros tener conexiones wifi, o a los campesinos tener patinetes eléctricos, o a los reyes poseer un par de drones para controlar sus tierras. Y, claro, tampoco existían las cámaras de vigilancia ni los guardias de seguridad. ¿Y qué hicieron? Crear las gárgolas y colocarlas en lo alto de los edificios importantes para que controlaran al personal y protegieran lo que había dentro. Cuanto más feas, mejor. Cuanto más terroríficas, mejor. Cuanto más deformes, caricaturescas y horribles, muchísimo mejor. ¿Quién se atreve a profanar una catedral si hay una (o muchas) de esas criaturas vigilándote? Y más por la noche, que es cuando cobran vida...

Hay tantos tipos de gárgolas como combinaciones se te puedan ocurrir. Existen figuras humanas, figuras mitad ser humano y mitad animal, monstruos fantásticos, bichos horribles mezcla de distintos animales y hasta demonios de todas las formas imaginables.

Aparentemente, son solo figuras extrañas que tienen como función expulsar el agua de lluvia que se acumula en los tejados. Nada más lejos de la realidad. Si consigues acercarte lo suficiente durante varios días seguidos, observarás que los ojos, o las alas, o esa sonrisa diabólica de ayer, no es la misma que la de hoy.

FICHA

- Hábitat: **fachadas de edificios, sobre todo iglesias y catedrales**
- Tamaño: **variable**
- Otras especies: **infinitas**
- Alimentación: **agua de lluvia**
- Sobrenombres: **garganta de agua, Gargouille**
- Actividad principal: **vigilar y proteger**

GRIFO. ¿Qué fue antes, el huevo o la gallina?

O lo que es lo mismo: ¿qué fue antes, el grifo monstruo o el grifo por donde sale agua? La respuesta, tanto la del huevo como la del grifo, la encontrarás un poco más abajo. Antes debes saber que esta bestia reúne para muchos lo mejorcito del mundo animal. Por un lado, domina el cielo gracias a su medio cuerpo de águila. Por otro, posee las cualidades del rey de los animales terrestres, o sea, del rey león. No, el que canta en la peli no, el de verdad. De esta combinación entre águila y león surge el grifo, una bestia de gran fuerza, astucia y agilidad a la que le gusta almacenar oro en sus nidos y que puede usarse como cabalgadura. Pero, ¡ojo!, un grifo solo puede tener un jinete. Eso sí, le será fiel hasta el fin de sus días.

FICHA

- Hábitat: **montañas rocosas**
- Tamaño: **3 m de altura**
- Otras especies: **asiática y europea**
- Alimentación: **carnívoro, especialmente caballos**
- Sobrenombres: **Palomaespines, Arce, Wyen, Keythong**
- Actividad principal: **luchar, transportar y aconsejar**

Respecto a la pregunta del huevo o la gallina, la mayoría de las teorías apoyan la versión de que primero fue el huevo, no la gallina. Investiga y verás…

Volviendo a la pregunta que antes ha quedado sin responder, primero fue el grifo mitológico. De hecho, el grifo de agua se denomina así porque cuando se inventaron las cañerías solía ponerse la figura de este animal encima de la pieza por donde salía el agua. A partir de entonces se comenzó a llamar grifo... y hasta nuestros días.

Las garras y los huesos de los grifos son tan fuertes y resistentes que en la Antigüedad se utilizaban como copas de vino y también como materia prima para la fabricación de arcos y flechas.

KONGAMATO.
El ta-ta-ta-ta-ta-ta-taranieto de los pterodáctilos

Existen lugares recónditos en nuestro planeta que la humanidad todavía no conoce… O en los que no ha tenido el suficiente valor para adentrarse. Es precisamente en esos rincones escondidos y sumamente peligrosos donde mora el temible kongamato, una especie de reptil volador con un pico largo de enormes y afilados dientes. Según las detalladas descripciones de los habitantes de Zambia, Zimbabue, el Congo y hasta de Camerún, el kongamato es sin duda un descendiente de los pterodáctilos voladores de finales del periodo Jurásico, hace unos sesenta millones de años. A diferencia de otros reptiles, que son básicamente nocturnos, esta gran ave con alas de murciélago y poderosas garras es diurna. Aunque intenta esquivar en la medida de lo posible a los humanos, si está muy hambriento se abalanza sobre las redes de los pescadores para robarles las capturas. Por eso, el kongamato es conocido también con el sobrenombre de rompebarcos. De hecho, tiene tanta fuerza que ya se ha cargado unos cuantos.

Si vas de safari por África, además de leopardos, leones o jirafas podría aparecer un kongamato. Una pista: lo último que se oye antes de su ataque es un gran estruendo de alas y un grito parecido al de veinte cocodrilos enfadados.

Debido a lo que pesa, necesita comer mucho. Un macho adulto es capaz de zamparse hasta cincuenta kilos de pescado. Lo que comes tú en cuatro o cinco años, vaya...

¿Que cómo suenan veinte cocodrilos enfadados? No te preocupes, se trata de un sonido inconfundible.

FICHA

- Hábitat: **cuevas y montañas de África**
- Tamaño: **máximo 5 m de envergadura (con las alas abiertas)**
- Otras especies: *Pterodactylus antiquus, Pterodactylus kochi*
- Alimentación: **peces y animales pequeños**
- Sobrenombres: **Sasabonsam, Olitu, lagarto volador, rompebarcos**
- Actividad principal: **cazar y dormir**

MANTÍCORA. Como el rey de la selva, pero solo un poquito

A diferencia de otros seres mitológicos que provienen de la cultura griega, la mantícora tiene su origen en la cultura persa; o sea, en los actuales territorios de Irán, Afganistán y Pakistán. Estas bestias tienen cuerpo de león, alas de murciélago, cola de escorpión y rostro humano. Al igual que las arpías, las mantícoras son tirando a malas y envidiosas. Es más, se llevan tan bien que en ocasiones se juntan para atacar o para hacer lo que suelen hacer los bichos malos y envidiosos. Otra de sus características es que pueden lanzar dardos venenosos con su poderosa cola de escorpión. ¡Y, ojo, que tienen una puntería increíble! En cualquier pub inglés serían las campeonas jugando a los dardos.

Las mantícoras suelen vivir en áreas boscosas y pueden sobrevolar durante muchísimo tiempo una zona de cincuenta kilómetros sin ninguna dificultad.

Como las arpías, estos monstruos también acostumbran a guardar las pertenencias y tesoros de los humanos en sus guaridas.

Suelen tener un cachorro, que no puede volar hasta que es adulto. Algunas personas han intentado domesticarlas, pero llega un momento en que ya no obedecen, y adiós muy buenas. ¿Utilizarlas como montura? Imposible.

FICHA

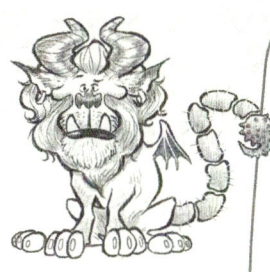

- Hábitat: **bosques de Irán, Afganistán y Pakistán**
- Tamaño: **hasta 5 m**
- Otras especies: **quimeras**
- Alimentación: **carnívoro**
- Sobrenombres: **devorador de personas, murcieleón**
- Actividad principal: **comer, volar y jugar a los dardos**

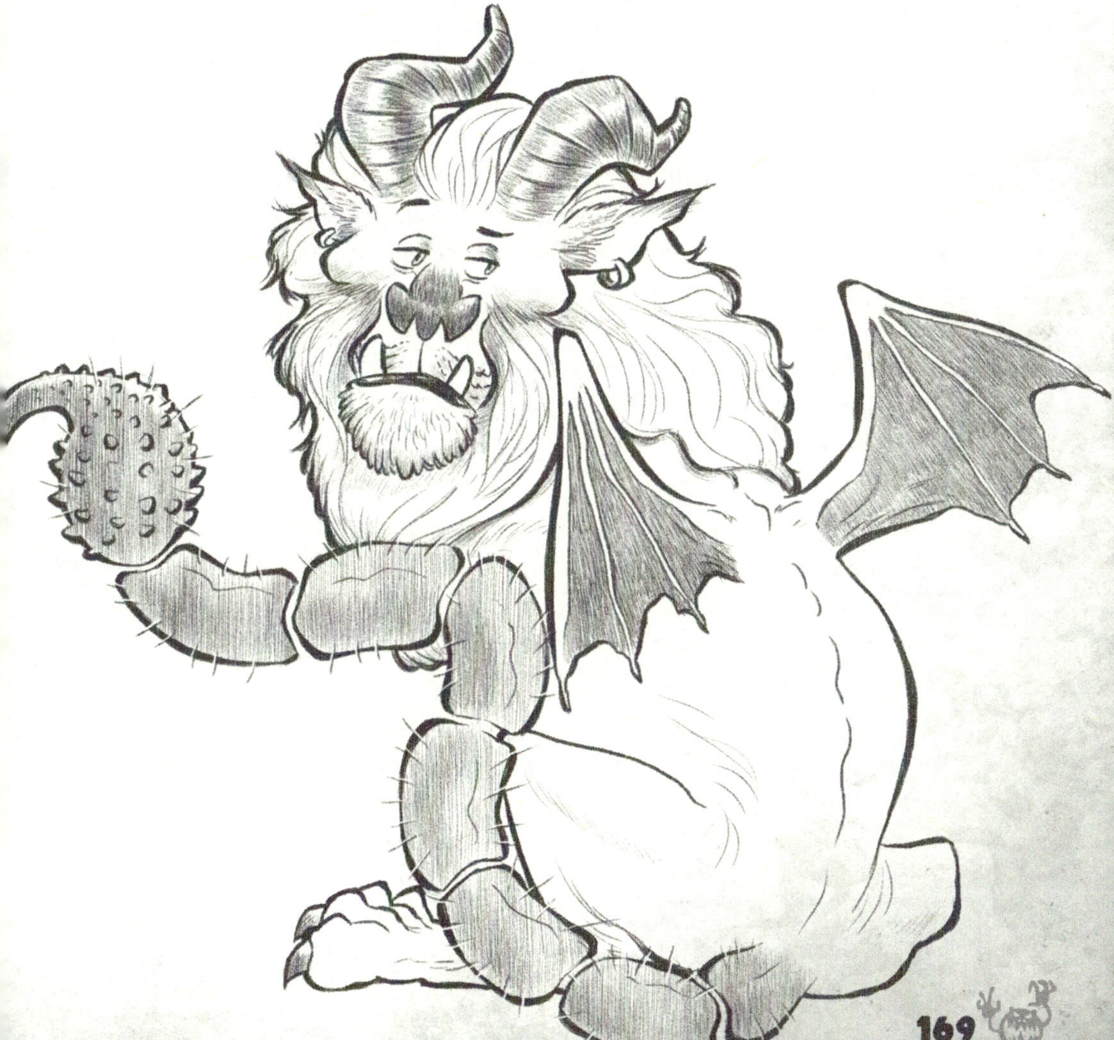

PÁJARO DEL TRUENO.
¡Rayos y centellas, se avecina una tormenta!

Este pájaro gigante no es ni tan feo, ni tan malvado, al contrario. Pertenece también a las culturas indígenas americanas y seguro que lo has visto más de una vez presidiendo sus tótems de madera, porque lo adoran, lo veneran y prefieren tenerlo más como amigo que como enemigo. ¿Por qué? Porque el pájaro del trueno es capaz de crear nubes y tormentas con solo mover las alas y lanzar relámpagos a través de sus ojos. ¡Ideal para épocas de sequía! En algunas regiones americanas, se dice que el pájaro del trueno tiene el poder de convertirse en humano, pero que, si se pasa mucho tiempo haciendo cosas de personas, olvida por completo el pájaro que era y ya no se puede volver a transformar. Te gustaría tener este poder, ¿verdad? Ahora soy un gigantesco pájaro mágico, ahora un humano. Ahora puedo volar, ahora prefiero leer un libro de monstruos.

Al pájaro del trueno le gusta ser adorado por los humanos y está encantado de ayudarlos mientras se mantengan unidos y sin peleas. Cuando esto no ocurre, provoca importantes catástrofes naturales y abandona la región.

La apariencia de los pájaros del trueno varía según la región en la que viven. Los que habitan en las llanuras acostumbran a tener un espectacular plumaje verde. Los de las montañas, un bonito color dorado.

FICHA

- Hábitat: **llanuras y montañas de Norteamérica**
- Tamaño: **hasta 10 m**
- Otras especies: **pájaro del trueno de las llanuras, pájaro del trueno de las montañas y pájaro del trueno migratorio**
- Alimentación: **carnívoro (aves más pequeñas y animales)**
- Sobrenombres: **Thunderbird, Lakota, Waktunya, Kiya**
- Actividad principal: **crear tormentas y convertirse temporalmente en humanos**

Sin duda, el más espectacular es el que pertenece a la especie migratoria, con sus bonitas y brillantes plumas azules.

PEGASO. Divino porque es lo más, y divino por ayudar a los dioses

Junto con el unicornio, Pegaso es uno de los caballos mitológicos más elegantes, famosos y bonitos que existen. Este fabuloso ser alado, que cuando vuela mueve las patas como si estuviera trotando, fue el primer caballo que llegó a vivir entre los dioses de la antigua Grecia. Por su elegancia, por su fuerza y, sobre todo, por su lealtad, fue adoptado por el padre de todos los dioses, el gran Zeus. Lo has visto mil veces en series o películas, ¿verdad? Pero, cuidado, porque no todos los caballos alados son Pegaso. Este increíble caballo puede cambiar de color, pero es siempre monocromo; es decir, de un solo color: blanco o negro. Cualquiera que no sea así, no es Pegaso.

FICHA

- Hábitat: **monte Olimpo**
- Tamaño: **el doble de un caballo normal**
- Otras especies: **blanca y negra**
- Alimentación: **herbívoro**
- Sobrenombres: **caballo alado, Pihassassi, Pegasus**
- Actividad principal: **transportar jinetes y crear manantiales**

Solo se conoce a un jinete que haya sido capaz de montar a Pegaso, Belerofonte, que lo utilizó, entre otras cosas, para acabar con un monstruo llamado Quimera y vencer a las poderosas amazonas.

La imagen de este fabuloso equino alado ha sido utilizada muchas veces en la historia como símbolo de fuerza, agilidad y potencia. Durante la Segunda Guerra Mundial representaba a las tropas de paracaidistas del Reino Unido.

Según la mitología griega, este magnífico caballo nació de la sangre de Medusa cuando fue decapitada por Perseo. Pegaso posee una habilidad bastante peculiar: allí donde golpea el suelo con sus cascos surge un fresco manantial de agua.

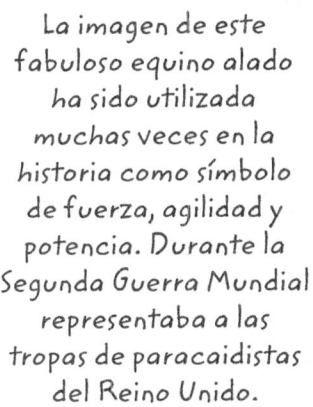

PIASA. ¡Que no se mire al espejo, que se muere del disgusto!

Muy pocas personas han visto un piasa en vivo y en directo. ¿Te suenan las tribus indígenas americanas como los apaches, los siux o los cheroquis? Pues en la zona de Illinois, cerca del gran río Misisipi, todavía vive la tribu de los illinwek. Si sabes inglés, que seguro que sí, y les preguntas por el piasa, te contarán, temerosos, un par de cosillas que estremecen solo de pensarlas. Te dirán que mide unos quince metros, que se come a los que han cometido algún pecado, que tiene cuerpo de dragón, dos cuernos y cara de humano. Pero no una cara guapa y agradable tipo modelo de anuncio de revista, sino una especie de caricatura, como un emoticono de esos que están tan de moda, pero en feo.

Se dice que el piasa solo sale a cazar una vez al año. Escóndete si has cometido algún pecado y estás de turismo por la zona. Estas bestias se pasan todo ese día recolectando comida para que les dure 365 días.

Este animal alado existe desde tiempos inmemoriales. Hasta hace muy poco tiempo, en unas cuevas de Illinois todavía podían verse los petroglifos (dibujos y símbolos hechos en las paredes) de un piasa persiguiendo a humanos.

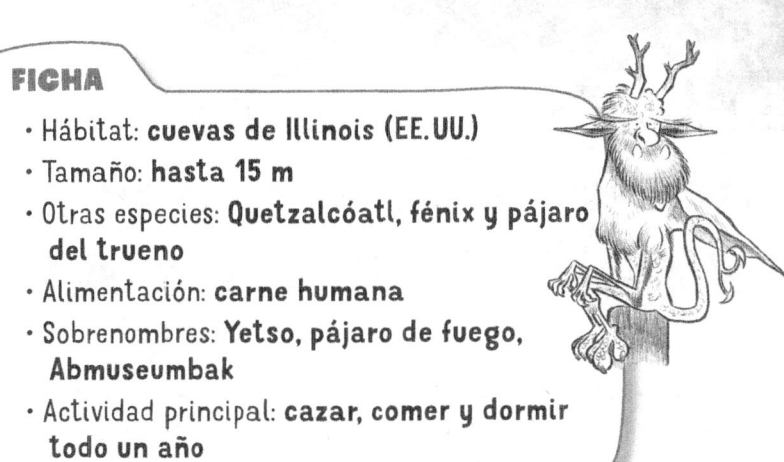

FICHA

- Hábitat: **cuevas de Illinois (EE. UU.)**
- Tamaño: **hasta 15 m**
- Otras especies: **Quetzalcóatl, fénix y pájaro del trueno**
- Alimentación: **carne humana**
- Sobrenombres: **Yetso, pájaro de fuego, Abmuseumbak**
- Actividad principal: **cazar, comer y dormir todo un año**

En la ciudad de Alton, en el condado de Madison, se puede visitar un parque creado en honor a este terrible monstruo.

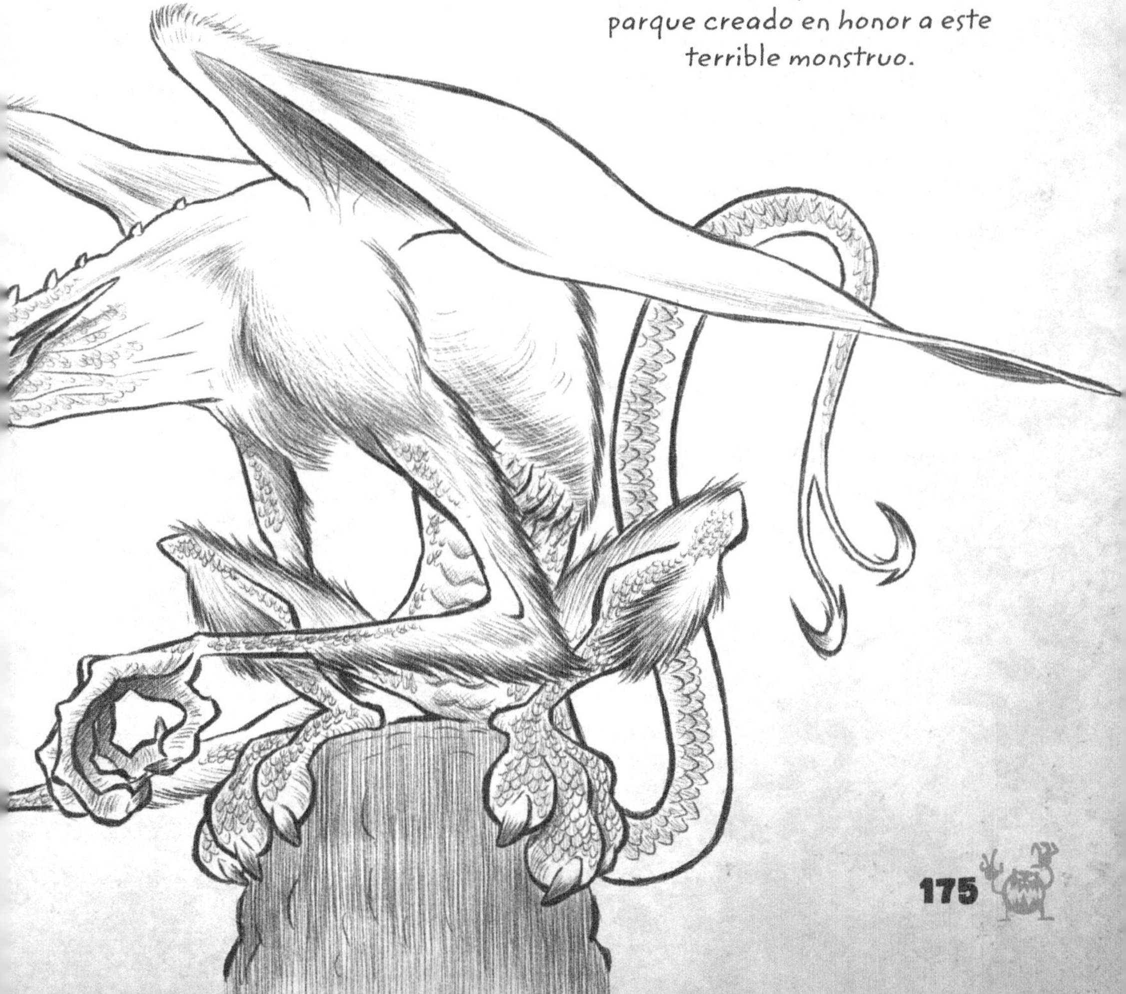

QILIN. ¿Es un caballo? ¿Un ciervo? ¿Un dragón? Sí, sí y sí. ¡Es todo eso a la vez!

Este ser fabuloso vive en Asia. Los primeros escritos lo sitúan en China hace más de 2.500 años, pero también es muy popular en las culturas japonesa y coreana. La descripción de los qilin varía según la época, pero la versión más alucinante que ha sobrevivido hasta nuestros días y que campa a sus anchas por las montañas y las llanuras de China es la que lo describe como una enorme criatura con cabeza de dragón, crin de caballo, cornamenta de ciervo, el cuerpo cubierto de escamas, pezuñas de buey y cola de león. Y no acaban aquí sus alucinantes atributos y características: a menudo a los qilin se los ve envueltos en llamas multicolores y su voz se asemeja a un tintineo de campanillas. Estate muy muy atento, porque si algún día te cruzas con uno, te dará suerte y te proporcionará protección, éxito y prosperidad.

FICHA

- Hábitat: **montañas y llanuras de China**
- Tamaño: **tres veces el de un caballo normal**
- Otras especies: **china, coreana y japonesa**
- Alimentación: **hierba y flores**
- Sobrenombres: **quilín, pinyin, girin, kirin, ch'i-Lin**
- Actividad principal: **proteger de la injusticia**

Son famosos por su amabilidad con las personas, pero son muy fieros y peligrosos cuando se comete alguna injusticia a su alrededor; hasta el punto de que se cuenta que en algunos casos han aniquilado con su aliento de fuego y sus poderes mágicos a quienes han perpetrado alguna atrocidad.

Los qilin no comen carne y son extremadamente cuidadosos con el planeta. No pisan la hierba para no dañarla y se desplazan por encima de las nubes o del agua.

QUETZALCÓATL.
O serpiente emplumada, que es más fácil de pronunciar

Este ser de nombre tan complicado pertenece a la cultura mesoamericana; es decir, a las culturas de los territorios centroamericanos que existían mucho antes de que Cristóbal Colón llegara a ese continente.

Quetzal, en el idioma de los aztecas, significa 'pluma', y Cóatl, significa 'serpiente'. Así que ya tenemos a uno de los seres más poderosos y bondadosos que te puedes encontrar. Fue esta serpiente emplumada quien enseñó a los humanos los secretos de la agricultura, la metalurgia y la astronomía, así como los misterios del agua. No está mal, ¿verdad? Pero, ojo, no te confíes demasiado. Si ve que no te esfuerzas en lograr los objetivos que te habías propuesto, esta benevolente criatura puede convertirse en tu peor pesadilla. Así que ya sabes: no dejes para mañana lo que puedas hacer hoy.

Quetzalcóatl representa a las tres grandes fuerzas que mandan en el universo: la fuerza del cielo, la fuerza de la tierra y la fuerza que todas las personas llevamos dentro.

FICHA

- Hábitat: **montañas de Centroamérica**
- Tamaño: **20 m de largo**
- Otras especies: **maya, azteca, olmeca, inca**
- Alimentación: **desconocida**
- Sobrenombres: **serpiente emplumada, Kukulkán, Gucumatz, Mukú-leh-chan**
- Actividad principal: **ayudar a los humanos**

Cuenta la leyenda que una noche de luna llena
Quetzalcóatl se encontró con un conejito que le
ofreció su vida para que no muriera de hambre y que,
agradecido y sin comérselo, la serpiente emplumada
subió hasta la luna y dibujó allí la silueta del generoso
conejito. ¿Lo has visto alguna vez?

Se tienen noticias de Quetzacoátl desde hace
más de dos mil trescientos años, y ha recibido
diversos nombres en diferentes culturas. Entre
los mayas era conocido como Kukulkán, y entre
los quichés de Guatemala, como Gucumatz.

MONSTRUOS ACUÁTICOS Y SUBMARINOS Y MARÍTIMOS Y OCEÁNICOS

AHUÍZOTL.
Nunca te fíes de un bicharraco con cinco manos

Este terrorífico monstruo del agua tiene dos manos en las patas delanteras, dos en las traseras y una más al final de su larga cola. Como se ve en la ilustración, tiene la apariencia de un simio, pero vive como un anfibio en el fondo de los ríos y de los manantiales, en el noroeste de México. ¿Y qué hace? Pues tiene la mala costumbre de capturar a la gente que se acerca a la orilla y arrastrarla hacia el fondo. ¿Y ya está? No. Le encanta alimentarse de cosas crujientes como uñas y huesos, y su postre favorito son los ojos. ¡Es un auténtico sibarita!

De todas maneras, no hay que preocuparse demasiado. Desde que se secó el lago de Texcoco, que es donde vivía, no se le ha vuelto a ver el pelo. Por si acaso, aquí va un consejo. Si alguna vez paseas cerca de un río o manantial mexicano, lleva contigo algún pececillo o algún alimento que cruja al comerlo. Si se lo entregas, se entretendrá un buen rato con el crec-crec de la comida y podrás escapar con facilidad.

Cuando tiene mucha mucha hambre, no canta como las sirenas para atraer a sus víctimas, sino que imita el llanto de un bebé. Y claro, ¿quién no intentaría rescatar a un bebé que parece abandonado?

Aunque parezca un chimpancé, su piel es brillante y su pelo cortísimo e impermeable como el de las nutrias o las focas. Cuando quiere, tiene la capacidad de convertir esos pequeños pelos en poderosas púas.

FICHA

- Hábitat: **cavernas submarinas**
- Tamaño: **1,5 m**
- Otras especies: **única**
- Alimentación: **cosas que crujan**
- Sobrenombres: **espina del río, perro de aguas**
- Actividad principal: **capturar humanos**

Cuando el Ahuízotl se enfada, es capaz de nadar muy rápido y formar remolinos que expulsan a los peces y a las ranas fuera del agua.

BUNYIP.
No todo en Australia son graciosos koalas

La palabra *bunyip*, en la lengua de los aborígenes de Australia, significa 'demonio' o 'espíritu malo'. O sea, que mejor no encontrárselo. No solo porque le encanta comer carne humana, a poder ser de niños y niñas tiernos y jugosos, sino porque el pobre más feo no puede ser. Esta horrible criatura ha sido vista únicamente en ciénagas, pantanos, ríos y hasta en pozos de agua de Australia.

¿Que cómo es? Seguro que, si alguna vez te topas con él, lo identificarás al instante: cabeza y cola de cocodrilo, colmillos de morsa, cuernos largos, pelo negro y hocico de pato, aunque en ocasiones se han visto especímenes con el hocico de un perro o incluso de cocodrilo. Sus patas traseras son fuertes y robustas y gracias a ellas puede caminar erguido, y sus brazos son larguísimos (casi tocan el suelo) y terminan en garras.

Tiene el torso cubierto de pelo negro, pero también de restos de plantas y raíces del lago o del pantano donde vive. De esta manera pasa desapercibido y puede esperar, completamente inmóvil, a que su presa se acerque totalmente confiada.

FICHA

- Hábitat: **pantanos australianos**
- Tamaño: **hasta 4 m de alto**
- Otras especies: **diprotodon**
- Alimentación: **carnívoro, a poder ser, humanos jovencitos**
- Sobrenombres: : **Kianpraty**
- Actividad principal: **comer**

Científicos de todo el mundo afirman que el Bunyip es un descendiente directo del diprotodon, un gigantesco marsupial herbívoro pariente del koala, pero tan grande como un hipopótamo, que se extinguió hace más de cuarenta mil años.

DAVY JONES...
Y su barco fantasma: El Holandés Errante

La apariencia de esta criatura marítima no está muy clara. Unos lo describen como un pirata fantasma con la cara y las extremidades de un calamar. Otros, como un bicho con tres hileras de dientes, ojos enormes, cuernos y rabo. Y es que son muchos los libros, las películas y los relatos de marineros que lo describen, pero no acaban de ponerse de acuerdo. Lo que está claro es que, tanto en *La isla del tesoro* como en *Moby Dick, Piratas del Caribe* o *Peregrine Pickle*, este ser vaga por los siete mares durante toda la eternidad en busca de barcos a los que hundir. Ya sea porque no tiene corazón, porque se enfrentó a los dioses del mar o por sus múltiples pecados, más vale que nunca te topes con este cruel fantasma cuando navegues por el mar. Si das con él, te obligará a unirte a su tripulación inmortal por los siglos de los siglos.

Una de las leyendas cuenta que, en sus inicios, Davy Jones se encargaba de recoger los cuerpos de los marineros que habían naufragado, y que cada diez años podía bajar a tierra para encontrarse con su amada, la diosa Calipso. En una de estas esperadas citas, ella no se presentó y el pirata decidió vengarse, sacarse el corazón y dedicarse a practicar el mal durante toda la eternidad.

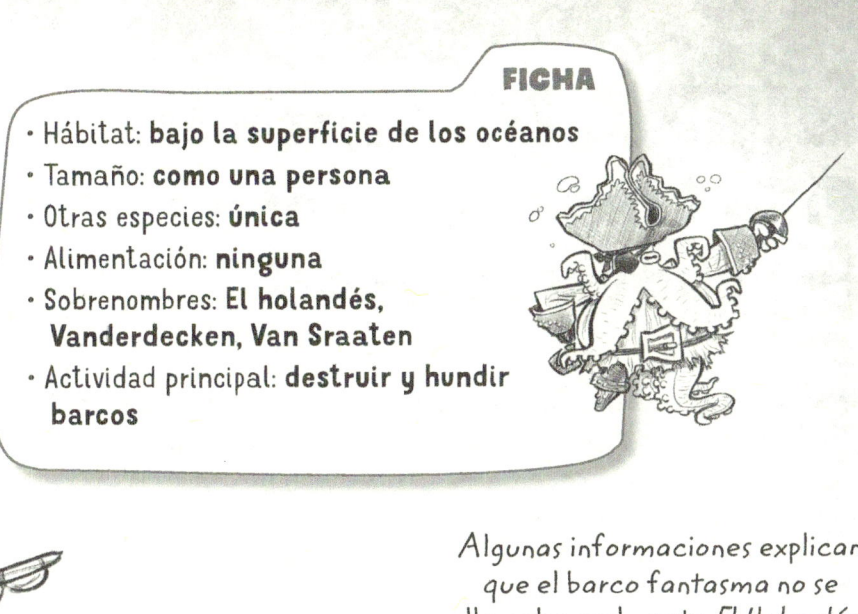

FICHA

- Hábitat: **bajo la superficie de los océanos**
- Tamaño: **como una persona**
- Otras especies: **única**
- Alimentación: **ninguna**
- Sobrenombres: **El holandés, Vanderdecken, Van Sraaten**
- Actividad principal: **destruir y hundir barcos**

Algunas informaciones explican que el barco fantasma no se llamaba realmente *El Holandés Errante*, sino que este nombre hacía referencia al capitán del barco, que era de origen holandés, y al hecho de que navegaba eternamente y sin tregua por todos los mares.

Se cree que este pirata fantasma tiene el poder de invocar a kraken, el temible y gigante monstruo de las profundidades.

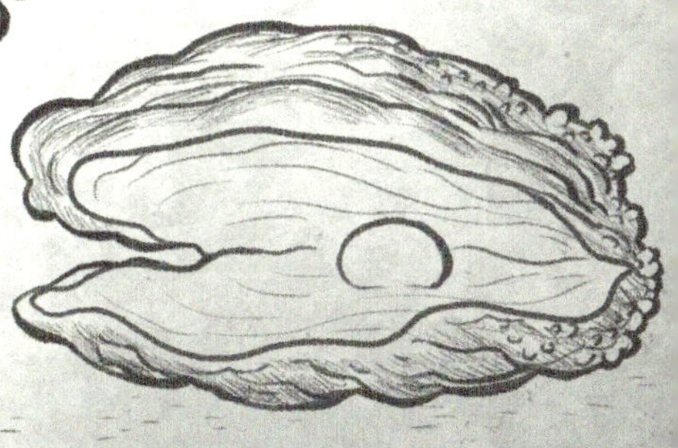

HIDRA DE LERNA.
El 2x1 más peligroso del supermercado

No, no es que este monstruo esté de oferta y te regalen dos si compras uno. Lo que pasa es que, a esta bestia acuática, si le cortas una cabeza, le salen otras dos nuevecitas. ¡Vaya faena! Y más teniendo en cuenta que pueden tener desde cinco ¡hasta diez mil cabezas! ¿Te lo imaginas? ¡Como para pillar dolor de cabeza! La Hidra de Lerna se llama así porque vive en el lago de Lerna, una ciudad de la antigua Grecia, y básicamente es una serpiente policéfala que se dedica a atacar no solo a los humanos, sino también al ganado y las cosechas con sus ojos ambarinos y sus afilados dientes. La Hidra de Lerna, como el resto de las hidras, es solitaria y no se junta con nadie. Puede medir hasta quince metros, es de color gris con el vientre blanquecino y no es muy inteligente que digamos.

Las tres especies de hidras más famosas son: la Hidra de Lerna, a la que, como hemos dicho, le salen dos cabezas por cada una que pierde y que tiene como máximo diez mil cabezas; la Pirohidra, de color rojo, que lanza fuego y tiene ocho cabezas, y la Criohidra púrpura, que lanza frío por las bocas y congela a sus enemigos (esta última es ideal para conservar alimentos).

Es imposible entrenar o domesticar a este monstruo. Muchos lo han intentado, y los que han perdido la cabeza no han sido precisamente las hidras.

FICHA

- Hábitat: **lago de Lerna**
- Tamaño: **hasta 15 m**
- Otras especies: **Lerna, Pirohidra, Criohidra**
- Alimentación: **carnívoro**
- Sobrenombres: : **no se conocen**
- Actividad principal: **comer todo lo que encuentran**

HIPOCAMPO.
El salvavidas de los océanos

El hipocampo es una mezcla de caballo y de pez: tiene la cabeza, el torso y las patas delanteras de un caballo, y una gran cola de pez en la parte trasera. Es un monstruo precioso, rápido y muy inteligente. No en vano es utilizado y domesticado por los humanoides que habitan las profundidades de mares y océanos como las sirenas, los elfos de mar o los tritones. Si algún día, por lo que pueda pasar, te encuentras perdido en alta mar y no sabes o no puedes volver, no tienes nada que temer si te tropiezas con un hipocampo cara a cara. Te ofrecerá su grupa amablemente y te llevará sano y salvo hasta la orilla y, a lo mejor, un poco más allá, ya que pueden respirar aire y moverse por la tierra sin problemas. Eso sí, no pueden estar mucho tiempo lejos del agua, ya que es indispensable que su piel permanezca siempre húmeda.

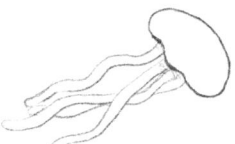

A los graciosos caballitos de mar también se los llama hipocampos por su extraña forma y por sus movimientos. De hecho, su nombre en latín significa literalmente 'caballo de mar' (y procede del griego, hyppo 'caballo', y kampê, 'de movimiento sinuoso').

Pueden vivir en aguas dulces o saladas y su alimentación es estrictamente herbívora; básicamente, plantas marinas y algas.

Una zona muy importante del cerebro humano también se llama hipocampo, porque su forma es muy parecida a la del famoso caballito de mar.

Los hipocampos
acostumbran a tener
todas las tonalidades del verde
y del azul, lo cual es muy necesario
si quieren pasar desapercibidos.

FICHA

- Hábitat: **mares y océanos de todo el mundo**
- Tamaño: **hasta 5 m**
- Otras especies: *Leomapoi, Taurocampoi, Pardalokampoi*
- Alimentación: **plantas marinas y algas**
- Sobrenombres: **caballo monstruoso, caballo de mar**
- Actividad principal: **transportar y ayudar a náufragos**

KRAKEN. El octópodo de las profundidades

¿Te gustan los calamares a la romana? ¿Y a la andaluza? ¿Y rellenos? Pues mala suerte, porque ni con la sartén más grande del mundo podrías cocinar al monstruoso kraken, que ¡puede medir más de veinticinco metros y pesar hasta una tonelada! A lo largo de la historia, son muchos los calamares gigantes que se han visto emergiendo de las profundidades marinas o que han sido capturados entre las redes de los pescadores, sobre todo en aguas de países escandinavos, pero ninguno era tan enorme como este. Su nombre científico es *Architeuthis* y posee ocho larguísimos tentáculos. Cuando captura a sus presas, ya no las suelta. Nadie ni nada puede escapar de él. Ni el pegamento instantáneo más potente del mundo puede competir con sus poderosas ventosas.

Uno de los kraken más famosos es el que describió Julio Verne en su libro *Veinte mil leguas de viaje submarino*, donde uno de estos calamares gigantes casi acaba con el submarino *Nautilus* del capitán Nemo.

Hay otros seres que también usan sus ventosas para capturar a sus presas o para adherirse a superficies verticales, como el pulpo, las sanguijuelas o algunas ranas.

FICHA

- Hábitat: **profundidades marinas**
- Tamaño: **hasta 25 m**
- Otras especies: **octópodos gigantes**
- Alimentación: **grandes cantidades de peces, delfines y cachalotes**
- Sobrenombres: **la bestia, la criatura del mar, Octomonster**
- Actividad principal: **comer y perseguir barcos y submarinos**

Su boca es parecida al pico de un loro, y es tan dura y fuerte que puede triturar cualquier cosa.

LEVIATÁN. ¡La mascota de un dios, como mínimo!

Este es uno de los monstruos más temidos de la historia de la humanidad. Es la mascota de los dioses, una criatura del demonio. El leviatán es una bestia gigantesca que mora en el fondo de los océanos y que reina sin piedad, sin escrúpulos y sin compasión en los mares. ¿Cómo se te ha quedado el cuerpo? Pues a todas las culturas siempre les ha molado un montón el famoso leviatán. Tanto, que en todas las descripciones que se conocen su aspecto es bastante parecido: una gran serpiente que puede medir más de cuarenta metros, con escamas azul turquesa como las de los dragones, ojos incandescentes, aliento corrosivo y, a veces, con dos o más cabezas. De momento, puedes estar tranquilo si te gusta practicar el esnórquel o el submarinismo. Este espantoso monstruo descansa a más de doce mil metros de profundidad. De momento...

FICHA

- Hábitat: **fosa marina Challenger o de las Marianas**
- Tamaño: **más de 40 m de largo**
- Otras especies: **leviatán de río y leviatán de mar**
- Alimentación: **lo que pilla**
- Sobrenombres: **Taninim, Lotán, Rahab**
- Actividad principal: **comer y destrozar, comer y destrozar**

Afortunadamente solo se conoce la
existencia de dos ejemplares macho,
con lo cual no se va a poder reproducir.
Si lo hiciera, estos increíbles monstruos
dominarían la Tierra en menos que canta
un gallo, si es que el gallo logra sobrevivir.

El leviatán es tan famoso y temido
por todos, que su nombre ha servido
para referirse genéricamente a una
gran bestia marina, pero también
ha inspirado títulos de libros y
películas, y hasta dio nombre a un
superbarco militar japonés que
existió de verdad y que fue célebre
por su poder de destrucción.

MEDUSA. ¡Te quedarás de piedra con este monstruo!

Estrictamente hablando, Medusa no es un monstruo acuático, pero está tan asociada al mar que no resulta extraño encontrarla en este apartado. Además, es hija de Forcis, un hombre de mar, y de Ceto, una horrible criatura que habita en los océanos. Lo que hay que tener muy muy claro cuando Medusa está frente a ti, son dos cosas: la primera es que la reconocerás enseguida porque tiene colmillos de jabalí, dos inmensas alas, manos de bronce y serpientes en vez de cabellos; la segunda es que nunca nunca debes mirarla directamente a los ojos si no quieres convertirte al instante en una estatua de piedra.

FICHA

- Hábitat: **tierra de los muertos**
- Tamaño: **como un humano**
- Otras especies: **gorgonas y greas**
- Alimentación: **omnívoro**
- Sobrenombres: **Górgona, Snakehead**
- Actividad principal: **proteger lugares**

Solo se conoce una manera de conseguir vencer a Medusa: colocar un espejo delante de sus ojos de modo que sea ella la que se convierta en piedra. Bueno, un hombre llamado Perseo decidió que era mejor cortarle la cabeza, pero esa ya es otra historia.

Las medusas de mar, esas que no debes tocar nunca cuando estés en la playa, reciben este nombre precisamente por el monstruo. Sus tentáculos recuerdan a los cabellos llenos de serpientes de este ser fantástico. ¡Y son igual de peligrosos!

En francés, cuando alguien se queda *medusé*, significa que se ha quedado de piedra haciendo referencia a los poderes de Medusa. Curioso, ¿verdad?

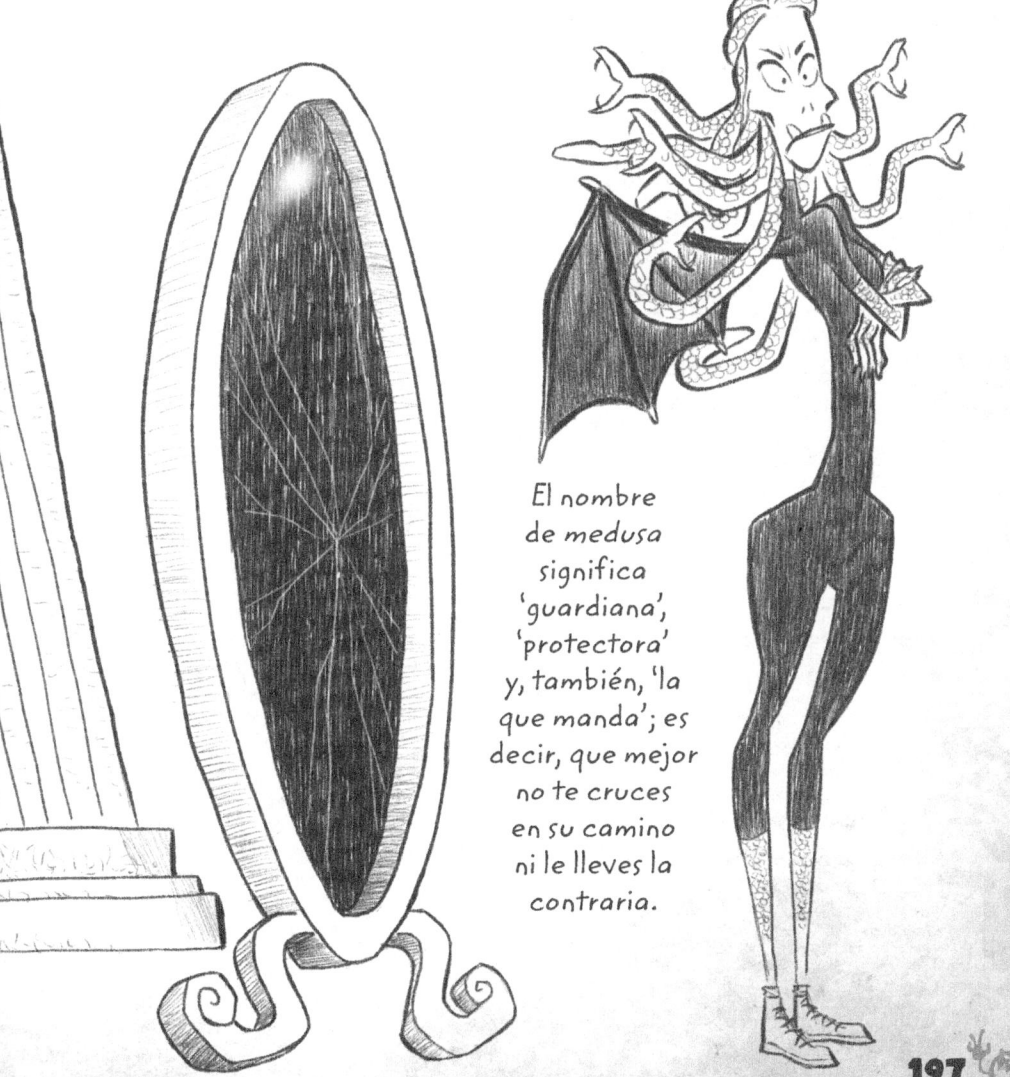

El nombre de *medusa* significa 'guardiana', 'protectora' y, también, 'la que manda'; es decir, que mejor no te cruces en su camino ni le lleves la contraria.

197

MEGALODÓN. Tiburón grande no, lo siguiente

Observa atentamente el libro que tienes entre las manos. ¿Ya? Ahora imagínate que, en vez de ser rectangular, tiene forma de triángulo. ¿Lo tienes? Pues ese es el tamaño y la forma de UN solo diente del megalodón. Si a esto le añades que tiene doscientos cincuenta dientes más del tamaño de este libro distribuidos en cinco filas, te puedes hacer una idea de lo grande que es la mandíbula de este tiburonazo. ¡Cada vez que va al dentista se debe dejar un dineral! ¿Quieres más datos? Puede llegar a pesar hasta seis mil kilos. Puede medir hasta dieciocho metros y la fuerza de su mordedura es tres veces más potente que la de un *Tyrannosaurus rex*. Es, sin duda alguna, el mayor superdepredador acuático de todos los tiempos y el que está en la cúspide de la cadena alimentaria de los mares y océanos de todo el planeta.

Se dice que ya no quedan megalodones que, desde el periodo del Plioceno, hace tres millones de años, ya no son los reyes del mar. Pero también se dice lo mismo de otros seres monstruosos y ahí están, ¿verdad?

- Hábitat: **océanos cálidos del hemisferio sur**
- Tamaño: **13-18 m**
- Otras especies: *Subauriculatus, Angustidens, Auriculatus*
- Alimentación: **delfines, focas, tortugas y peces**
- Sobrenombres: **diente grande, supertiburón, el gran depredador**
- Actividad principal: **comer y dormir**

Al megalodón no le van mucho las aguas frías. Así que prefiere vivir en los océanos cálidos del hemisferio sur y matar el tiempo nadando y comiendo cerca de playas paradisíacas y tropicales. ¡Como a todo el mundo, vaya! Y si es en bañador y con un refresco, todavía mejor.

Se han encontrado restos fosilizados de megalodones por todo el mundo.

MOBY DICK.
El monstruo que está harto de los humanos

Ballenas hay muchas. Ballenas blancas, muy pocas. Ballenas albinas, blanquísimas, y que se llamen Moby Dick o Mocha Dick, solo hay una. Este enorme cetáceo vive en el océano Pacífico, cerca de Chile y, al contrario de lo que se suele contar, no es ni una ballena asesina, ni se dedica a atacar a los barcos así como así. Tiene poderosas razones para hacerlo. La primera: todo el mundo a lo largo de la historia la quiere capturar para obtener de ella su carne y sus aceites.

La segunda: ataca los barcos balleneros para proteger a su familia. Sí, Moby Dick tiene familia y hace lo posible para que permanezca a salvo y evitar que la capturen. ¿Tú no harías lo mismo?

Como es natural, Moby Dick no se deja ver mucho por la superficie del mar; puede estar bajo el agua sin respirar más de dos horas.

FICHA

- Hábitat: **océano Pacífico, cerca de Isla Mocha**
- Tamaño: **30 m**
- Otras especies: **88 especies de cetáceos**
- Alimentación: **plancton, cefalópodos y peces**
- Sobrenombres: **Mocha Dick, ballena blanca del Pacífico, Toby Dick**
- Actividad principal: **comer y proteger a su familia**

Su comida preferida es el calamar gigante que habita en las profundidades marinas. A veces, la gran ballena blanca se sumerge hasta una profundidad de tres mil metros para poder encontrarlo.

MONSTRUO DEL LAGO NESS. Nessie para los amigos

¿Quién no conoce a Nessie? Esta criatura fantástica vive en el lago Ness, el más grande de Gran Bretaña, situado en las tierras altas de Escocia. Se pasa el día nadando al compás de las gaitas y rodeado de cámaras de turistas, autóctonos con faldas a cuadros, niebla y aguas oscuras. Desciende de los dinosaurios acuáticos que poblaron el planeta hace miles y miles de años. A pesar del sobrenombre de «monstruo», este plesiosauro verde de cuello larguísimo, cuerpo delgado y cola corta es de lo más simpático, tímido con los humanos y juguetón, y posee el récord Guinness del juego al escondite: en los últimos quinientos años ha sido visto en muy pocas ocasiones.

Algunos incrédulos dicen que es imposible que Nessie haya sobrevivido tanto tiempo en el lago y que lo haya visto tan poca gente. Lo que no saben es que cuando se aburre viaja a través de unas galerías subterráneas que comunican el lago con el océano Atlántico y que se monta unas fiestas que no veas con otros famosos monstruos, como el temible y gigantesco kraken o las extrañas y relucientes bestias abisales.

- Hábitat: **lago Ness**
- Tamaño: **10-15 m**
- Otras especies: **única**
- Alimentación: **peces de agua dulce y salada**
- Sobrenombres: **Nessie, Nessy**
- Actividad principal: **jugar al escondite**

Cuando cae la noche, a Nessie le gusta acercarse a la orilla del lago para escuchar la música que llega de los hoteles, los pubs y los restaurantes de los turistas. Su preferida, claro está, es la música celta con muchas muchas muchísimas gaitas.

NINFA TENEBROSA DE MANANTIAL.
¡Aunque el monstruo se vista de ninfa, monstruo se queda!

¡Qué dulces son las ninfas! Y qué bonitas, ¿verdad?
Pues sí, pero no. A la ninfa tenebrosa de manantial es preferible no encontrársela nunca. Si lo haces, jamás volverás a ser como eras antes. ¿Por qué? Aparentemente, verás a una bonita chica de gestos parsimoniosos y delicados que te invita a acercarte. Sin embargo, a medida que lo hagas, esa visión irá desapareciendo y verás a la horrible ninfa tal y como es. Un paso más y se convertirá en un horroroso rostro de colmillos afilados y ojos de reptil. Otro paso y su blanca y radiante piel se transformará en verdes escamas de serpiente. Un último paso y sus preciosas manos mutarán en terribles garras que te atraparán y vaciarán tu mente de recuerdos. Vale que hay cosas que es mejor no recordar, pero es que la ninfa tenebrosa se queda todos los recuerdos, absolutamente todos, los buenos y los malos. Así que no te dejes engatusar.

Ninfas tenebrosas hay muy pocas. Solo pueden sobrevivir en manantiales de aguas contaminadas y sucias, normalmente cercanos a fábricas o granjas que lanzan sin control sus residuos en plena naturaleza.

A excepción de esta horrenda criatura, el resto de las ninfas son tranquilas y ordenadas. Odian el mal, cuidan de la naturaleza, curan a los animales heridos y hablan en un precioso idioma, que es una mezcla entre una suave brisa, risas lejanas y notas musicales. La ninfa tenebrosa no sabe cantar y su voz suena como la voz de un ogro afónico cuando se acaba de despertar.

- Hábitat: **manantiales contaminados**
- Tamaño: **variable; desde pocos centímetros hasta tamaño humano**
- Otras especies: **de primera clase (ríos, mares, bosques...), de segunda clase (cerca de poblaciones)**
- Alimentación: **animales muertos**
- Sobrenombres: **ninfa traidora, ninfa monstruo, no-ninfa**
- Actividad principal: **robar recuerdos humanos**

SIRENA.
¡Aléjate en cuanto las oigas!

¿Que las sirenas no son monstruos? Bueno, depende de a quién se lo preguntes. Si hablas con los marineros que se han sentido atraídos por sus bellos cantos, que se han enamorado perdidamente de ellas y que han acabado con sus barcos hechos añicos te dirán que sí lo son. Si le preguntas a cualquiera que haya visto a una sirenita y a su amiguito cangrejo cantando canciones bajo el maaaaaar, te contestarán que no, claro. Y es que las sirenas tienen tantos defensores como detractores. Pueden ser increíblemente hermosas y horriblemente monstruosas. Eso sí, todas tienen una magnífica cola de pez y un cuerpo humano. ¡Y no solo femenino! También existen los «sirenos», más conocidos como tritones.

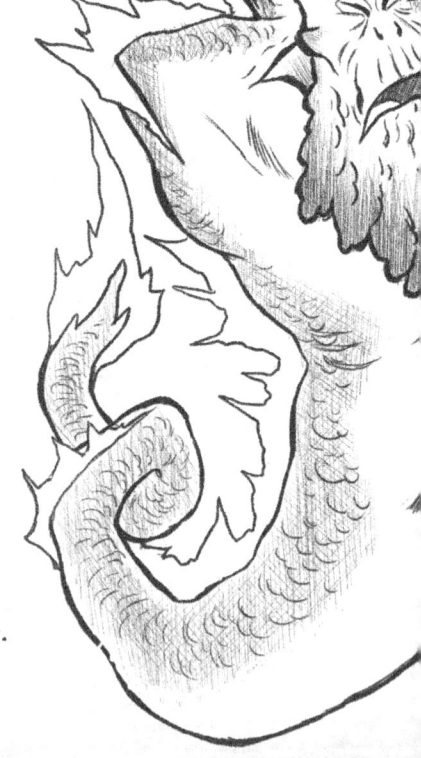

Las sirenas y los tritones son los responsables, con el permiso de otros monstruos acuáticos, de mantener los mares y los océanos en orden. Como en casi todo, hay sirenas buenas y sirenas malas. Unas se dedican a ayudar a los navegantes, y otras a atraer a los pescadores con sus dulces melodías o a provocar grandes tormentas.

Las sirenas de las ambulancias, de los coches de policía o de los bomberos se llaman así por el ruido largo y estridente que emiten, como si fueran los gritos y los cantos de las sirenas del mar.

FICHA

- Hábitat: **mares y océanos**
- Tamaño: **hasta 2,5 m contando la cola**
- Otras especies: **ondinas, ninfas de agua**
- Alimentación: **peces y algas**
- Sobrenombres: **mujer pez, lamia de mar**
- Actividad principal: **controlar el mar y atraer a marineros**

La estatua de la sirena más famosa del mundo se encuentra en la ciudad danesa de Copenhague. Se trata de *La sirenita*, inspirada en el famoso cuento del también danés Hans Christian Andersen. Sabes cuál es, ¿verdad?

TLANCHANA.
¿Es una sirena? ¿Es una naga? ¿Es las dos cosas a la vez?

En México no acaban de ponerse de acuerdo sobre si la tlanchana es una naga o una sirena. Unos dicen que es una naga porque a veces tiene cola de serpiente y porque puede vivir a más de quinientos kilómetros del mar. Otros dicen que es una sirena porque enamora a los humanos con sus cantos y porque tiene cola de pez. Lo que sí que está claro es el significado de su nombre: 'agua', 'madre' y 'espíritu mágico'. Y lo que también está claro es que es un ser muy enamoradizo que no soporta un «no» por respuesta. Cuando ve alguien que le gusta, puede convertir su cola en dos preciosas piernas y atraerlo con bellas canciones. ¡Ay del que no se enamore! Cuando esto ocurre, lo atrapa con su poderosa cola y lo arrastra hasta las profundidades para ahogarlo. Eso sí, cuando está de buen humor y feliz, su cola se vuelve negra, negrísima y ayuda a los pescadores a obtener abundantes peces.

FICHA

- Hábitat: **laguna de Metepec**
- Tamaño: **3 m desde la cabeza hasta la punta de la cola**
- Otras especies: **sirena/naga**
- Alimentación: **peces y crustáceos**
- Sobrenombres: **Madre agua, Atl-tonan Chane, Acpaxapo**
- Actividad principal: **enamorar, enamorarse y ayudar a pescadores**

Tlanchana vive sobre un islote de una laguna cercana a la población mexicana de Metepec.

Se cuenta que las tlanchanas también tienen poderes adivinatorios y que les dice a los lugareños cuál es el mejor sitio para pescar o cuándo es el mejor momento para sembrar. Si encuentras una, puedes preguntarle qué número saldrá en el próximo sorteo de la lotería. Nunca se sabe...

A las tlanchanas les encanta la música y no es raro que te las encuentres tocando la guitarra.

COSAS DE MONSTRUOS

10 CONSEJOS
PARA SER UN BUEN INVESTIGADOR DE MONSTRUOS

1. Documentación
Si no estás informado, es imposible investigar. Lee libros, navega por internet. Primero la teoría y después la práctica.

2. Abre tu mente
No te asustes por lo que veas. Piensa que si un monstruo te parece feo, horripilante o asqueroso, él puede pensar lo mismo de ti. Recuerda que muchas veces las apariencias engañan.

3. Kit del investigador
Es imprescindible que siempre lleves contigo una lupa, unos prismáticos, una linterna, guantes, bolsas para guardar muestras, chicles antimareo, cámara de fotos (sí, la del móvil también vale), ropa de recambio, una brújula, un espejo y chuches, muchas chuches. La mayoría de los seres fantásticos, aunque no lo parezca, se pirran por las chuches.

4. Cuaderno de notas
Imprescindible. Ni yo, que llevo siglos deambulando por el mundo, tengo suficiente memoria para acordarme de todo. Observa mucho y apúntalo todo en el cuaderno. Tarde o temprano recurrirás a él.

5. Empatía

La empatía es saber ponerse en el lugar de otro. La mayoría de los monstruos, aunque son buena gente, han sido siempre perseguidos, insultados o incomprendidos. Ellos no tienen la culpa de ser como son, ¿no crees? Échales una mano. Pero ojo con los peligrosos. A esos, ni te acerques.

6. Silencio

Aprende a andar sin hacer el más mínimo ruido. Si quieres acercarte a los monstruos, esta habilidad es esencial. Más vale ser sigiloso que tener que correr.

7. Buena forma física

Nunca sabes cuándo tendrás que correr. Mantente siempre en forma y haz ejercicio de manera habitual. Hay seres torpes y muy lentos, pero los hay muy muy veloces.

8. Fuera olores

La mayoría de los monstruos, sobre todo los que viven en terrenos salvajes, captan los olores de una manera casi sobrenatural. No uses ni colonias ni desodorantes cuando vayas a investigar. Ah, el mal olor también cuenta. No olvides ducharte a menudo.

9. Sé un buen periodista

Para seguir pistas en los trabajos de campo, tendrás que entrevistar y hablar con mucha gente. Tu capacidad para hacer preguntas y para sonsacar información te será muy útil para no perderte y para llegar a tu objetivo con facilidad. Pero ¡ojo! No preguntes directamente. Primero gánate su confianza.

10. Informa de tus planes

Nunca te olvides de decirle a alguien de confianza dónde vas a ir y cuánto tiempo vas a estar investigando a esos monstruos. En caso de necesitar ayuda, lo agradecerás.

MONSTRUOS LACUSTRES

Así como cada pueblo y ciudad tiene su iglesia y su plaza mayor, así como cada oveja tiene su pareja, casi cada lago del mundo mundial tiene su monstruo. Gracias a este libro ya conoces al simpático Nessie escocés, al terrorífico Ahuízotl o al temible Bunyip australiano. ¿Quieres conocer a algunos más? Aquí tienes a cinco de los monstruos de lago más famosos.

GUSANO DE LAGARFLJÓT

¿Qué tiene de monstruoso un gusano? Pues nada, a no ser que mida casi quince metros y que se alimente de todo lo que encuentra. Esta temible criatura, con varias jorobas que suelen sobresalir del agua, vive en el lago islandés de Lagarfljót y es conocido desde el siglo XIV. Se dice que custodia una gran cantidad de oro en las profundidades del lago.

LA «DRAGA» DE BAÑOLAS

Sí, se sabe que el monstruo del lago de Bañolas, en Cataluña, es hembra y la llaman «Draga». También se sabe que vive allí desde hace más de mil años y que en aquella época era terrorífica e insaciable, pero que después de un milagro se volvió más mansa que una corderita. Como a su primo Nessie, le encantan los turistas.

OGOPOGO

Si viajas algún día a Canadá, concretamente al lago Okanagan, a lo mejor puedes ver a este monstruo (si es de lejos, mejor). Se trata de otro familiar del monstruo del lago Ness, pero mucho más largo: con sus jorobas que emergen del agua, su forma de serpiente y su cabeza de plesiosauro. Pero ¡ojo! Parece ser que a este monstruo no le gustan tanto los humanos y que de vez en cuando le da por destruir embarcaciones.

TARPIE

Este enorme monstruo de lago no se parece tanto a un plesiosauro acuático, sino más bien al temible tiranosaurio, ya que puede salir del agua y andar sobre sus dos robustas patas traseras. Cuidado porque, aunque tenga dos minimanitas delanteras, es megapeligroso. Bueno, solo si te acercas de noche por los alrededores del lago Tarpon, en Florida.

TIANCHI

Algunos lo llaman búfalo del agua; otros, dragón del cielo, porque el lago chino donde vive, el lago Tianchi, significa eso: 'lago del cielo'. Tiene un cuerpo robusto y unas aletas diminutas si las comparamos con el tamaño de su cuerpo, claro. Hasta los hay que aseguran que tiene cabeza humana. Y no solo eso: en más de una ocasión se han visto varios ejemplares nadando juntos a una velocidad casi supersónica.

DRAGONES
África y Europa

Los dragones son, según la opinión mayoritaria, las criaturas más poderosas del universo mitológico. Hay dragones buenos y malos, y los hay que son mejores o peores según las circunstancias o según de dónde sople el viento. Como casi todos, vaya... Lo que tienen en común todas estas increíbles criaturas es que suelen ser bastante solitarias, les gustan los tesoros, suelen dormir en cuevas, están cubiertos de escamas y sus armas más poderosas son las garras, las fauces, las alas y el aliento. No porque su aliento huela mal y necesiten un par de pastillas de menta, que también, sino porque acostumbran a escupir fuego, gases, hielo y toda clase de sustancias tirando a mortales.

Hay un sinfín de dragones en todas las culturas y maneras de clasificarlos muy diversas. A continuación, te ofrecemos una de las muchas clasificaciones posibles, con algunos de los dragones más famosos y temibles que existen. ¿A cuántos conoces?

ANFISBENA
- Localización: **norte de África**
- Tamaño: **mediano**
- Color: **según la zona**
- Características: **tiene dos cabezas, una de ellas en la cola**
- Amistoso: **no**

DRAIG GOCH
- Localización: **Gales (Reino Unido)**
- Tamaño: **grande**
- Color: **rojo**
- Características: **lucha contra el mal; defiende tierras y humanos**
- Amistoso: **sí**

FAFNIR
- Localización: **Escandinavia y Alemania**
- Tamaño: **grande**
- Color: **negro**
- Características: **domina la magia protectora y hechicera; muy avaro**
- Amistoso: **no mucho**

DRAGONES
Asia y América

LEVIATÁN
- Localización: **fosa de las Marianas (Atlántico)**
- Tamaño: **40 m**
- Color: **turquesa/verde**
- Características: **es la mascota del demonio; aliento corrosivo; policéfalo**
- Amistoso: **no**

TIANLONG
- Localización: **China**
- Tamaño: **grande**
- Color: **multicolor**
- Características: **dragón celestial de la fortuna y la prosperidad**
- Amistoso: **sí**

SEIRYU

- Localización: **Japón**
- Tamaño: **enorme**
- Color: **azul**
- Características: **protector; simboliza el este, el agua y la primavera**
- Amistoso: **sí, si no se lo molesta**

QUETZALCÓATL

- Localización: **México**
- Tamaño: **enorme**
- Color: **multicolor**
- Características: **serpiente emplumada; simboliza la sabiduría, la luz y la fertilidad**
- Amistoso: **sí**

TIPOS DE FANTASMAS
Terroríficos

Aparte de algún que otro humano que se cree el rey del mambo, existen infinidad de fantasmas. Los hay que se manifiestan como personas y otros como animales, pero también los hay con forma de sombras, de luces, de sonidos o hasta de monstruos mitológicos. Algunos pueden atravesar paredes y otros van llenos de chichones porque no lo consiguen. Otros, como tienen toda la eternidad por delante, no paran de agobiar, de asustar o de pasearse por ahí sin saber muy bien qué hacer. Aquí tienes una descripción de los más habituales.

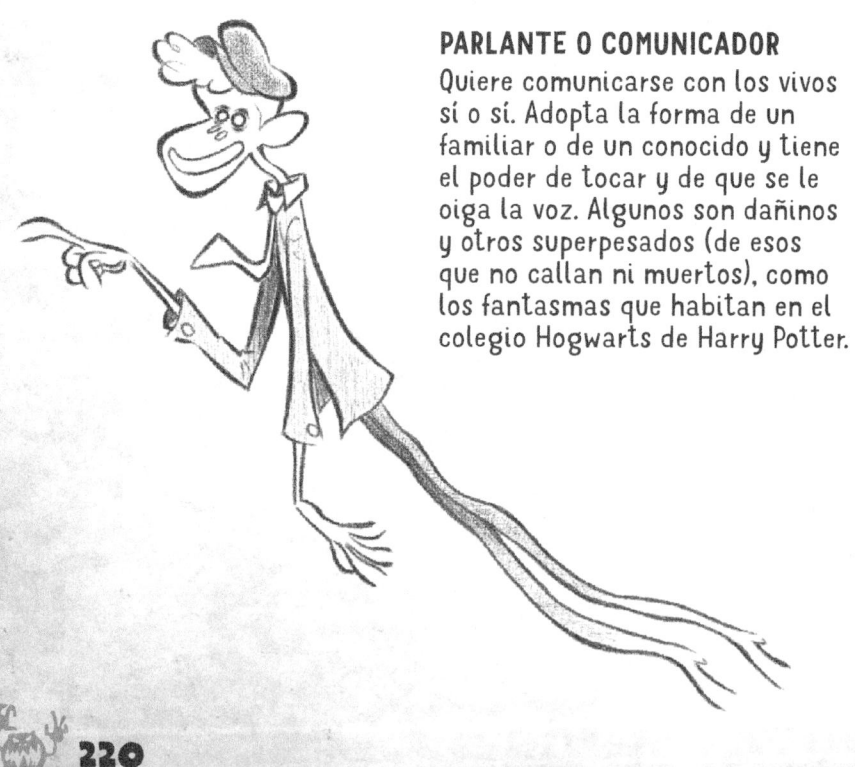

PARLANTE O COMUNICADOR
Quiere comunicarse con los vivos sí o sí. Adopta la forma de un familiar o de un conocido y tiene el poder de tocar y de que se le oiga la voz. Algunos son dañinos y otros superpesados (de esos que no callan ni muertos), como los fantasmas que habitan en el colegio Hogwarts de Harry Potter.

ORBE O LUZ

Parece una pelota, pero no lo es. No intentes chutarla. Parece una manzana, pero no lo es. No te la comas. Es, sencillamente, una bola de luz blanca o azul y se trata de la forma más básica de un espíritu, todavía sin definir y totalmente inofensiva.

RENCOROSO O VENGADOR

No tienen nada que ver con los superhéroes ni con las gemas del infinito. Vuelven para vengarse de alguien que les hizo daño y hacen lo necesario para llevar a cabo su tarea. No te pongas en medio, ni en broma, porque pueden ser peligrosos. Cuando acaban su misión, por suerte, desaparecen.

RENACIDO O DESPISTADO

Estos pobres fantasmas no saben que su cuerpo ha muerto. Intentan comer, pero no pueden. Intentan beber y lo ponen todo perdido. Parecen personas normales y no desaparecen hasta que se convencen de que no tienen que estar ahí. Calma, son inofensivos.

TIPOS DE FANTASMAS
Extraterroríficos

MUJER DE BLANCO O TRANSFORMER

Tampoco se trata de un camión que se vuelve robot, o viceversa. Aparentemente es una chica normal que se transforma en terrorífica cuando ataca. Tienen mucho poder sobrenatural y suelen ser malas, muy malas.

CAZADOR DE CUERPOS O INTRUSO

Como indica su nombre, este espíritu utiliza cuerpos ajenos para completar su misión y no desaparece hasta que lo consigue. Le importa muy poco si tiene que meterse en el cuerpo de un niño, de una niña o de un elefante africano. Por muy buen detective que seas, son bastante indetectables.

POLTERGEIST O PARA YA DE DESORDENAR MI HABITACIÓN

Son poderes demoníacos que buscan llamar la atención moviendo objetos o realizando acciones violentas. Son muy molestos porque lo desordenan todo y, aunque jures y perjures que has ordenado tu habitación, la bronca seguro que te cae igual. También les da por meterse en los cuerpos de personas.

BURUBURU O TERRORÍFICO

Son malos y solo se manifiestan para causar terror tanto de día como de noche. ¿Es que no duermen? Pues no, ¿cómo van a dormir si son fiambres? Son espíritus de personas fallecidas de manera trágica y violenta. Su apariencia es la misma que cuando estaban vivos, hasta que deciden transformarse.

TIPOS DE BRUJAS
Clásicas

A tu alrededor hay más brujas de las que te imaginas. Como pueden cambiar de aspecto gracias a su magia, ya no se pueden distinguir solo por sus verrugas, por su gorro puntiagudo, su escoba o su gato negro. Tu prima, tu maestra, tu vecina y hasta tu tía pueden ser brujas. Y no pasa nada si son buenas, al contrario, porque te ayudarán, y mucho. El problema es si no son tan buenas...

BRUJA BLANCA
Son lo más de lo más. Buenas y generosas, emplean sus conocimientos para curar y ayudar a la gente. Siguen las reglas y están muy unidas a la naturaleza.

BRUJA OSCURA
Uf. De lo peorcito. Sus hechizos son para beneficio propio o para causar el mal. Usan una magia negra muy poderosa pero poco recomendable. Cobran mucho dinero por sus servicios; las muy avaras.

BRUJA ROJA

Son malas, peligrosas y no conocen la bondad ni la compasión. Si no quieres pasar un mal rato, no te acerques a ellas y procura no tenerlas de enemigas nunca nunca nunca. Utilizan sangre en sus hechizos, sacrificios de todo tipo y son muy traicioneras.

TRÍADA

Como su nombre indica, es un grupo compuesto por tres brujas. Representan las tres edades (joven, adulta y vieja). La mayor suele dirigir el grupo porque sabe más y porque sí, porque ella lo dice y punto. Pueden predecir el futuro, usar las energías de la naturaleza, de los espíritus y de la mente. Como si fueran viajeras del tiempo, son capaces de abrir portales a otras realidades y canalizan la energía para hacer el bien o el mal. ¡Ideales para hacer un poco de turismo!

TIPOS DE BRUJAS
Modernas

BRUJA DEL KAOS
Son muy solitarias. No aceptan las normas del resto de brujas y no creen ni en los dioses ni en los espíritus. Van por libre.

BRUJA MILLENIAL
Son las brujas más modernas de este lado de las dimensiones mágicas: no viajan en escoba, prefieren la aspiradora y su mascota es un gato negro hecho de píxeles que vive en internet. Dicen que pueden hacer un montón de hechizos y que pueden hablar con los espíritus, pero su especialidad son los encantamientos tecnológicos.

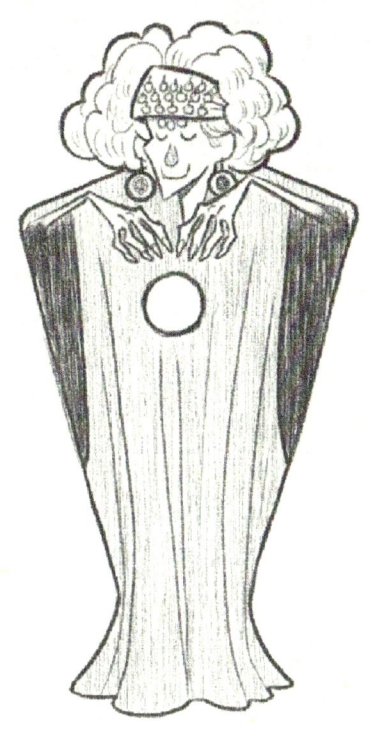

BRUJA VIDENTE

Echadoras de cartas y lectoras de bolas de cristal. Aunque hay un montón de farsantes, las que sí lo son pueden ver el pasado y el futuro de las personas. ¿Te interesa?

BRUJA ESPIRITISTA

Son una de las más modernas. Utilizan su cuerpo para comunicarse con los difuntos y pasar mensajes (como el WhatsApp, pero en bruja).

LOS DIEZ MONSTRUOS MÁS PELIGROSOS

1. FACHAN
Absolutamente terrorífico, ¡huye de él!

2. PIASA
Es lo peor, pero, por el lado bueno, solo sale a cazar una vez al año.

3. KONGAMATO
Extremadamente peligroso, pero solo si viajas en barco por el Congo, Zambia o Zimbabue.

4. MAPINGUARÍ
Terriblemente feroz, pero, por suerte, es muy lento.

5. BOGEYMAN
Que sea bueno o malo
depende de ti...

6. ESCAUFEUR
¿Imaginas que
te roban todos
los recuerdos?
¡Horripilante!

7. TIGRE DE ENNEDI
Muy peligroso, solo sobrevivirás
si tienes un ovillo a mano.

8. MONSTRUO DE LOS DIENTES
No es muy fiero, pero sí muy
repulsivo.

9. ENT
¿Respetas el bosque?
Entonces, no hay problema.

10. QILIN
Estás a salvo a
menos que cometas
injusticias.

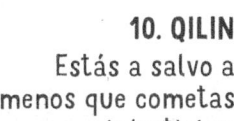

COMPARATIVA DE TAMAÑOS
¿Cuánto mide un monstruo?

A veces, cuando se dice que un monstruo es grande o enorme o gigantesco, cuesta apreciar e imaginar sus verdaderas dimensiones, y la frase que se repite una y otra vez es: «Me lo imaginaba más grande». Para que esto no ocurra y tengas claro que el tamaño de los monstruos sí importa, y mucho, aquí tienes unas cuantas criaturas comparadas con lo que viene a ser una persona de tamaño estándar.

Parece que estén posando en una rueda de reconocimiento de la policía, ¿verdad?

50 cm
Brownie

20 cm
Monstruo
de debajo de
la cama

Hasta
100 m
Gigante

3 m
Yeti

BIGFOOT VS. EL YETI

Como bien sabes, estas increíbles y misteriosas criaturas que son los homínidos tienen una familia que no se acaba y sus parientes, tanto hermanos como hermanas, primos y primas, tíos y tías, abuelos y abuelas, hasta cuñados y cuñadas, están repartidos por todo el mundo. Las superestrellas de esta gran familia son Bigfoot y el Yeti quienes, a pesar de estar emparentados, se diferencian en muchos aspectos. Vamos a descubrirlos:

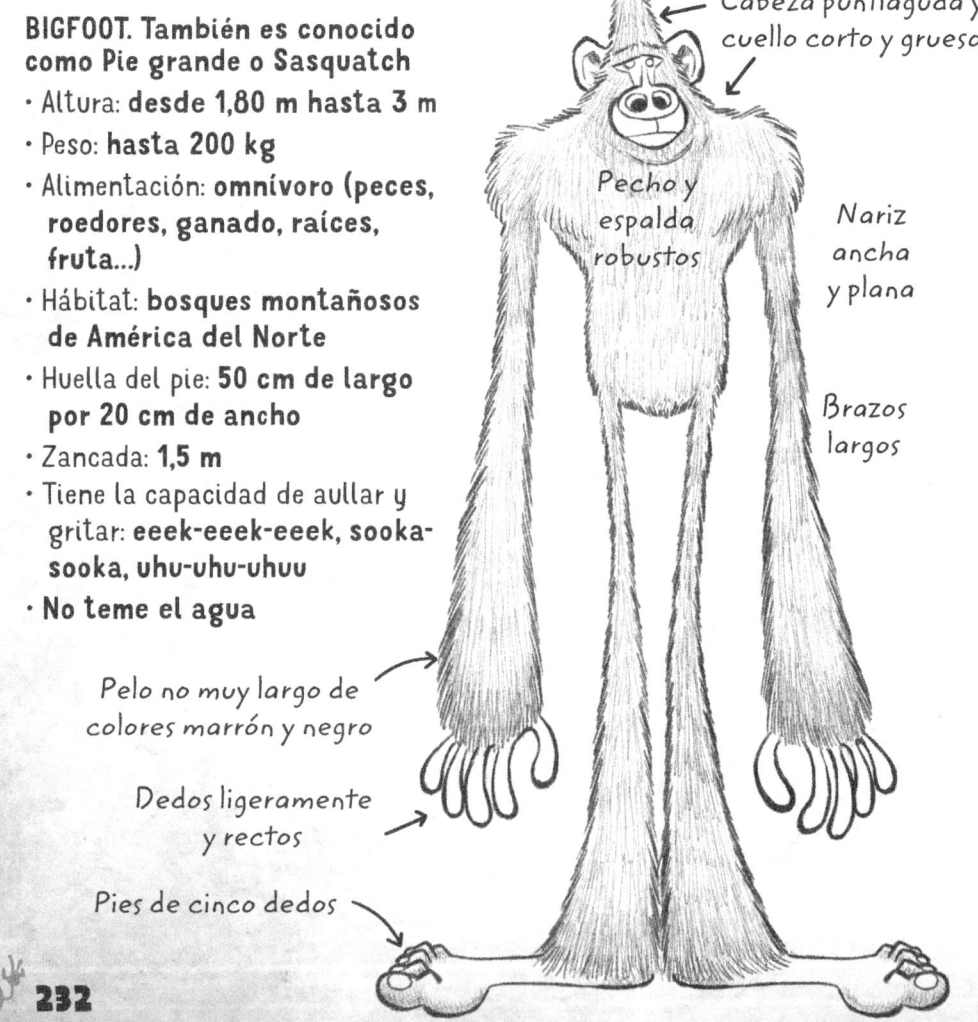

BIGFOOT. También es conocido como Pie grande o Sasquatch
- Altura: **desde 1,80 m hasta 3 m**
- Peso: **hasta 200 kg**
- Alimentación: **omnívoro (peces, roedores, ganado, raíces, fruta...)**
- Hábitat: **bosques montañosos de América del Norte**
- Huella del pie: **50 cm de largo por 20 cm de ancho**
- Zancada: **1,5 m**
- Tiene la capacidad de aullar y gritar: **eeek-eeek-eeek, sooka-sooka, uhu-uhu-uhuu**
- **No teme el agua**

Cabeza puntiaguda y cuello corto y grueso

Pecho y espalda robustos

Nariz ancha y plana

Brazos largos

Pelo no muy largo de colores marrón y negro

Dedos ligeramente y rectos

Pies de cinco dedos

YETI. También es conocido como El abominable hombre de las nieves

- Altura: **desde 2 m (Ye-teh) hasta 5 m (Michen-po)**
- Peso: **hasta 400 kg**
- Alimentación: **omnívoro**
- Hábitat: **climas muy fríos, Himalaya**
- Huella del pie: **33 cm de largo por 20 cm de ancho**
- Zancada: **desde 1 m a 2 m**
- **Tiene la capacidad de silbar**

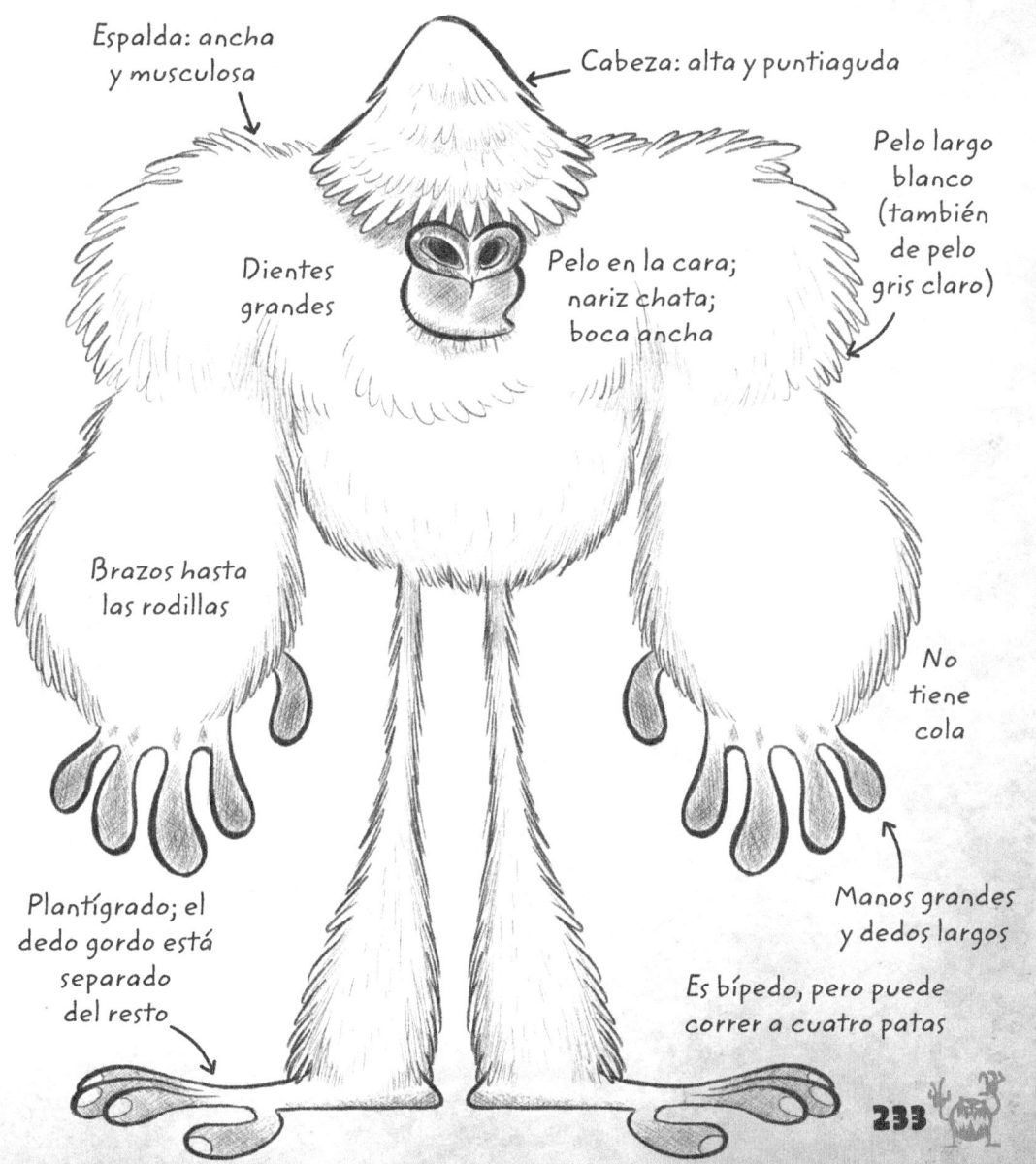

Espalda: ancha y musculosa

Cabeza: alta y puntiaguda

Pelo largo blanco (también de pelo gris claro)

Dientes grandes

Pelo en la cara; nariz chata; boca ancha

Brazos hasta las rodillas

No tiene cola

Plantígrado; el dedo gordo está separado del resto

Manos grandes y dedos largos

Es bípedo, pero puede correr a cuatro patas

¿SABÍAS QUE...?

¿Sabías que la canción favorita de Nessi es *Yellow Submarine*, de The Beatles?

¿Sabías que el sátiro más famoso es Pan, el dios de los pastores?

¿Sabías que la comida favorita de las gárgolas son las palomitas?

¿Sabías que la flor favorita de Frankenstein es la margarita?

¿Sabías que uno de los grifos más famosos es Buckbeak, personaje de la saga Harry Potter?

¿Sabías que las arpías son hijas de la ninfa del océano, Electra?

¿Sabías que existen los vampiros energéticos que se alimentan de tu vitalidad?

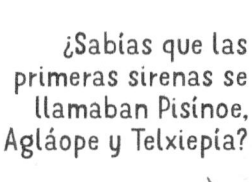

¿Sabías que los cíclopes tienen manía a los griegos desde que el héroe griego Odiseo robó las ovejas del cíclope Polifemo?

¿Sabías que el pasatiempo favorito de los esqueletos es jugar a la petanca con sus propios huesos?

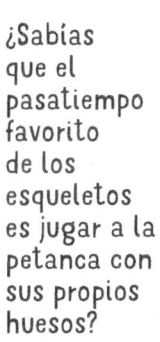

¿Sabías que las primeras sirenas se llamaban Pisínoe, Aglaópe y Telxiepía?

DIBUJA TUS PROPIOS MONSTRUOS

LOS AUTORES

Pau Clua Sarró

En ocasiones, asegura que es guionista y escritor nacido en los años setenta, que es autor de más de veinte libros y que es experto en monstruos y seres fantásticos gracias al estudio y a la investigación, pero hay una cosa que no acaba de cuadrar: su edad. Si es cierto lo que dice, ¿cómo es posible que su nombre ya aparezca en manuscritos de la Edad Media? ¿Por qué su rostro aparece una y otra vez en fotografías de extraños fenómenos sobrenaturales? ¿Cómo es que lo han visto el mismo día en varios lugares a miles de kilómetros de distancia? ¿Por qué existen más de veinte tumbas con su nombre repartidas por todo el mundo? Si has leído este libro, tú ya sabes la verdad: sin duda, Pau Clua es uno de ellos...

Dani Montero Coira

Nació en Catoira, en 1877, en las Torres del Oeste, hábitat de infinidad de monstruos lacustres y voladores. Dani no solo es historietista, ilustrador, animador y dibujante, sino que es un especialista en retratar monstruos en su hábitat natural. No importa dónde se esconda un monstruo; tanto si es detrás de un arbusto en un bosque del Amazonas como agazapado en el nido de un pájaro del trueno o perdido en un cementerio de Transilvania, Dani lo encontrará. Para poder dibujar a estos magníficos seres hace falta sigilo y paciencia para pasar desapercibido, pero sobre todo la habilidad para ocultar tu propio olor. Dani lo consigue mezclando lilas de las cuevas de Persia y esencia de escamas de dragón. No falla.